税务实操管理
与风险防控大全

王桦宇 / 主编

图书在版编目（CIP）数据

税务实操管理与风险防控大全 / 王桦宇主编 . -- 北京 : 企业管理出版社 , 2019.12（2020.6 重印）

ISBN 978-7-5164-2065-2

Ⅰ . ①税… Ⅱ . ①王… Ⅲ . ①企业管理 – 税收管理 – 风险管理 – 研究 – 中国 Ⅳ . ① F812.423

中国版本图书馆 CIP 数据核字（2019）第 256655 号

书　　名: 税务实操管理与风险防控大全

作　　者: 王桦宇

责任编辑: 赵　琳

书　　号: ISBN 978-7-5164-2065-2

出版发行: 企业管理出版社

地　　址: 北京市海淀区紫竹院南路 17 号　邮编: 100048

网　　址: http://www.emph.cn

电　　话: 编辑部（010）68416775　发行部（010）68701816

电子信箱: qyg1002@sina.com

印　　刷: 三河市嵩川印刷有限公司

经　　销: 新华书店

规　　格: 710mm 1000mm　1/16　17.5 印张　290 千字

版　　次: 2019 年 12 月第 1 版　2020 年 6 月第 2 次印刷

定　　价: 78.00 元

本书编委会

主　　编　王桦宇

副 主 编　雒　毅　李曙衢　唐高翔

编　　委　伊　鹏　黄　祖　李东升　张继聪

　　　　　吴宏浩　董珊珊　刘静颐

前 言

Foreword

2019 年 1 月 1 日，全新修改的《中华人民共和国个人所得税法》(以下简称《个人所得税法》)开始正式实施。2018 年 10 月 1 日起，个人工资薪金所得基本减除费用标准提高到了每月 5000 元。从 2019 年 1 月 1 日开始，劳务报酬、稿酬和特许权使用费三项所得与工资薪金进行合并，共同计算纳税，同时还增加了专项附加扣除的内容。此次个人所得税法的修改，扩大了低档税率级距，让更多纳税人能够享受到减税的红利。近年来，国家税收制度的改革不仅表现在个人所得税一个税种上，中国税制改革在 2018 年进入快车道，不断出台的税收政策和日臻完善的税法新规，让越来越多的纳税人享受到了税改的红利。

纳税与每个人息息相关，税法规定更是纳税人的行为准则。无论是企业，还是个人，都需要根据税法的规定从事生产经营活动，违反税法的规定将会受到法律的惩罚。

伴随着中国经济的迅速发展，越来越多的人走上了创业的道路，无论是个体经营，还是投资入股，都不可避免地要与税法打交道。

在一个企业中，税务相关的问题都会交由会计或财务人员去处理，但这并不意味着企业的经营者可以对企业税务相关问题放手不管。企业经营者需要对企业的未来发展做出战略规划，在一系列战略规划工具中，财务工具是进行商业分析、商业决策的必要工具。如果一个管理者缺少这方面的知识，而完全依靠财务人员去做规划，这类企业的发展方式是不健康的。除了要依靠财务工具进行战略规划，企业还需要通过税务筹划来降低企业的生产成本。不可否认，企业缴纳的税款在企业生产经营成本中占据着一定的比例。在不违反税法规定的前提下，如何合理降低税费负担是企业管理者需要考虑的问题。

对于个人来说，如果个人工资超过应征额度，就需要缴纳个人所得税。《个人所得税法》刚刚修改，其中对个人所得税的计算和缴纳做出了新的规定，纳税人只有清楚明白地了解这些规定的内容，才能更好地完成纳税工作。

本书将税务实操管理和税务风险防控作为主要内容，从这两方面对不同税种的纳税规定及企业生产经营活动中可能存在的税务风险进行了说明。之所以选择这两个切入点去解析税法规定，一方面是为了让更多对税法知识了解不深的读者可以更快地了解税法的基本知识和纳税流程；另一方面则是为了提示读者规避各种涉税风险，以免出现违反税法规定、危害切身利益的行为。

本书的第一篇主要是从总体上介绍一些纳税的基本知识，让读者对税法知识有一个概况性的了解。这一部分主要包括税务相关材料的管理、税种及税率，以及纳税人网上申报的流程等内容，是一些基础性的知识，能帮助读者更好地了解税法知识。

第二篇主要是具体的税种知识内容与实操计算。由于近年来一些税法规定发生了很大变化，很多税法新规对纳税人的影响非常大，因此，我们对这些税法新规进行了汇总。再者，由于一些税法的税率和计税依据发生了变化，在计算上也与之前有所不同，尤其是个人所得税的计算，所以，在这一部分，我们还通过具体的案例为读者进行了详细介绍。

第三篇主要是税务风险防控以及税务筹划的相关内容。我们列举了企业生产经营活动不同阶段中可能会遇到的涉税风险，并给出了一些应对方案。而在税务筹划方面，主要是利用税法规定介绍了一些税务筹划的具体方法。

税法作为一个国家法律体系的重要组成部分，是国家取得财政收入的重要手段，也是进行宏观调控、调节分配收入的重要工具。正因如此，政府会根据具体的经济形势来修改税法的相关规定，以达到宏观调控的目的。所以，无论是财会人员，还是企业的经营者，抑或是个人，都应该及时更新自己的税法知识。在进行税务申报和税务筹划时，应该以最新的税法规定作为参考，以免出现涉税风险。

由于我国的税法规定依然在不断更新，本书中提及的一些税法规定也可能会发生改变。因此，在具体的税务实操中，纳税人应以国家税务总局发布的最新税法规定作为参考。同时，由于作者自身能力有限，本书在内容上存在一些疏漏，敬请读者谅解。

王桦宇

2019 年 7 月

目 录

Contents

第一篇 税务管理的基本知识

第一章 税务相关材料的管理

第二章 税种及税率

第六章
企业所得税实操管理

第七章
个人所得税实操管理

第八章
其他税种实操管理

第三篇 税务风险防控

第九章 税务稽查

第十章 企业的涉税风险及防控措施

第十一章 税务管理实操：合法避税与税务筹划

第一篇

税务管理的基本知识

第一章

税务相关材料的管理

第一节　税务登记管理

一、税务登记概念及意义

税务登记是指税务机关依法对纳税人的经济活动进行登记管理的一项法定制度，也是纳税人必须依法履行的法定手续，其种类主要包括：设立登记、变更登记、停复业登记、注销登记以及报验登记。

税务登记是税务管理的重要组成部分，我国现行的《中华人民共和国税收征收管理法》（以下简称“税收征管法”或《税收征管法》）将其放在税务管理的第一节中。

税务登记制度是依法治国、依法治税的重要体现，其确立了税收法律关系的主体，是保证征、纳双方行为合理性、合法性的基础环节与前提。

对于税务机关而言，税务登记一方面有利于其了解纳税人的基本情况，加强对税源的监控，凭此建立税收征收监督制约机制，增强与纳税人之间的沟通，防止漏征、漏管，同时通过所掌握的税源分布状况，将征管力量进行合理的调配，进而提高税务征收管理工作的效率；另一方面，税务机关在税务登记的实际操作中能够更直观地发现纳税人的生产经营状况，从而为制定并完善税收政策提供客观依据。

对于纳税人而言，通过税务登记建立起的纳征关系，使其在税务机关的服务和管理下，依法享有税收政策上的有效帮助与指导。另外，税务登记有利于增强纳税人税收法治观念和纳税意识，使其在经济活动中的合法权益在法律范围内得以保障。

二、税务登记的对象

依据《税收征管法》及《税务登记管理办法》的规定，我国税务登记的对象有：纳税人和代扣代缴义务人。

（一）纳税人

（1）从事生产、经营的纳税人：企业；企业在外地设立的分支机构和从事生产、经营的场所；个体工商户；从事生产、经营的事业单位。

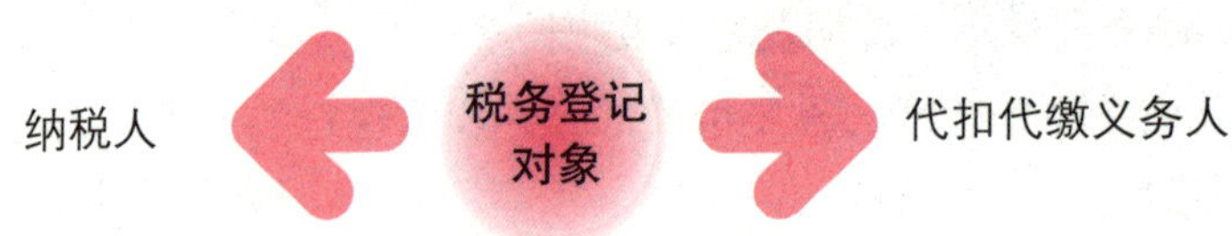

（2）除从事生产、经营的纳税人以外的其他应予登记的纳税人。

（二）代扣代缴义务人

代扣代缴义务人亦称“扣缴义务人”，依照税法规定，扣缴义务人是指有义务从纳税人收入中扣除其应纳税款并代为缴纳的企业或单位（国家机关除外）。

三、税务登记的种类

（一）开业登记

开业登记是指从事生产、经营活动的纳税人依法向生产、经营所在地税务机关申报办理税务登记的活动，是税收征收管理的首要环节。

我国的《税收征管法》第二章第十五条规定：“企业，企业在外地设立的分支机构和从事生产、经营的场所，个体工商户和从事生产、经营的事业单位（以下统称从事生产、经营的纳税人）自领取营业执照之日起三十日内，持有关证件向税务机关申报办理税务登记。税务机关应当于收到申报的当日办理登记并发给税务登记证件。工商行政管理机关应当将办理登记注册、核发营业执照的情况，定期向税务机关通报。本条第一款规定以外的纳税人办理税务登记和扣缴义务人办理扣缴税款登记的范围和办法，由国务院规定。”

根据《税收征管法》制定的《中华人民共和国税收征收管理法实施细则》（以下简称《实施细则》）对开业税务登记的内容做出了进一步规定。

根据《实施细则》第二章第十条的规定，税务机关“对同一纳税人的税务登记应当采用同一代码，信息共享。税务登记的具体办法由国家税务总局制定。”第十三条规定：“扣缴义务人应当自扣缴义务发生之日起三十日内，向所在地的主管税务机关申报办理扣缴税款登记，领取扣缴税款登记证件；税务机关对已办理税务登记的扣缴义务人，可以只在其税务登记证件上登记扣缴税款事项，不再发给扣缴税款登记证件。”需要注意的是，《实施细则》第十二条第三款规定：“个人所得税的纳税人办理税务登记的办法由国务院另行规定。”

（二）变更登记

变更登记是指纳税人税务登记内容发生重要变化时，需对原登记内容进行更改而向税务机关申报办理的一种税务登记手续。

《实施细则》第十四条第一款规定：“纳税人税务登记内容发生变化的，应当自工商行政管理机关或者其他机关办理变更登记之日起三十日内，持有关证件向原税务登记机关申报办理变更税务登记。”此条第二款规定，对不需要到工商行政管理机关或者其他机关办理变更登记的，同样需要到原税务登记机关申报办理变更税务登记。

（三）停业、复业登记

停业登记是指纳税人需要停业的，应当在停业前向税务机关申报办理的一种税务登记手续。纳税人的停业期限不得超过一年。

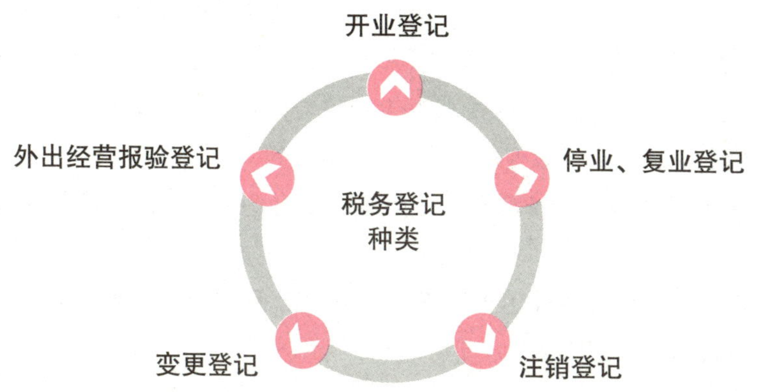

《税务登记管理办法》第二十二条规定："纳税人在申报办理停业登记时，应如实填写停业复业报告书，说明停业理由、停业期限、停业前的纳税情况和发票的领、用、存情况，并结清应纳税款、滞纳金、罚款。税务机关应收存其税务登记证件及副本、发票领购簿、未使用完的发票和其他税务证件。"

对于复业登记，《税务登记管理办法》第二十四条规定："纳税人应当于恢复生产经营之前，向税务机关申报办理复业登记，如实填写《停业复业报告书》，领回并启用税务登记证件、发票领购簿及其停业前领购的发票。"

（四）注销登记

注销登记是指纳税人发生解散、破产、撤销以及其他情形，依法终止纳税义务的，应当按照有关规定办理注销税务登记。

《实施细则》第十五条第一款规定："纳税人发生解散、破产、撤销以及其他情形，依法终止纳税义务的，应当在向工商行政管理机关或者其他机关办理注销登记前，持有关证件向原税务登记机关申报办理注销税务登记；按照规定不需要在工商行政管理机关或者其他机关办理注册登记的，应当自有关机关批准或者宣告终止之日起十五日内，持有关证件向原税务登记机关申报办理注销税务登记。"需要注意的是，注销登记遵循"先税务，后工商"的原则。

（五）外出经营报验登记

《税务登记管理办法》第三十条规定："纳税人到外县（市）临时从事生产经营活动的，应当在外出生产经营以前，持税务登记证到主管税务机关开具《外出经营活动税收管理证明》（以下简称《外管证》）。"第三十一条规定："税务机关按照一地一证的原则，发放《外管证》，《外管证》的有效期限一般为三十日，最长不得超过一百八十天。"

为了进一步深化税务系统"放管服"改革，优化税收环境，切实减轻纳税人办税负担，提高税收征管效率，国家税务总局发布了《关于创新跨区域涉税事项报验管理制度的通知》（税总发〔2017〕103号）。与原外出经营活动税收管理制度相比，其主要改变的内容如下所述。

（1）将原来的"外出经营活动税收管理"更名为"跨区域涉税事项报验管理"。

（2）纳税人跨区域经营前不再开具《外出经营活动税收管理证明》，改为填报《跨区域涉税事项报告表》。

（3）取消原来外出经营活动涉税事项报验管理的固定有效期限，改为按照跨区域经营合同执行期限作为有效期限。合同延期的，纳税人可向经营地或机构所在地的国税机关办理延期手续。

（4）跨区域涉税事项报验管理实行信息电子化，各国、地税机关之间要实时共享相关信息。

四、税务登记证

（一）税务登记证的办理

税务登记证是税务机关对办理税务登记的纳税人核发的一种登记凭证。纳税人在办理税务登记时，需要根据不同情况依法向税务机关如实提供相关证件与资料，并如实填写税务登记表。《税务登记管理办法》第十三条与第十四条对此做出了明确规定。

（二）税务登记证的内容

税务登记证件包括税务登记证及其副本、临时税务登记证及其副本。

税务登记证的主要内容包括：纳税人名称、税务登记代码、法定代表人或者负责人、生产经营地址、登记类型、核算方式、生产经营范围（主营、兼营）、发证日期、证件有效期等。

（三）税务登记证件的作用

税务登记证是税务机关对纳税人实施税务管理的有效证明，同样也是纳税人纳入税务管理的证明。

根据《实施细则》第十八条的规定，除按照规定不需要发给税务登记证件的外，纳税人办理下列事项时，必须持税务登记证件。

（1）开立银行账户。

（2）申请减税、免税、退税。

（3）申请办理延期申报、延期缴纳税款。

（4）领购发票。

（5）申请开具外出经营活动税收管理证明。

（6）办理停业、歇业。

（7）其他有关税务事项。

（四）税务登记证件的管理

税务机关对税务登记证件实行定期验证和换证制度，采取实地调查、上门验证等方法，或者结合税务部门和工商部门之间，以及各税务机关之间信息共享来进行税务登记证件的管理。

税务登记证式样改变，需统一换发税务登记证的，由国家税务总局确定。

纳税人应当将税务登记证件正本在其生产、经营场所或者办公场所公开悬挂，接受税务机关检查，并在规定的期限内持有关证件到主管税务机关办理验证或换证手续。

税务登记证件不可以被转借、涂改、损毁、买卖或伪造。

纳税人遗失税务登记证件的，应当在十五日内书面报告主管税务机关，如实填写《税务登记证件遗失报告表》，并在税务机关认可的报刊上声明作废，之后凭借报刊上刊登的遗失声明向主管税务机关申请补办税务登记证件。

（五）“五证合一、一照一码”

为继续深化商事制度改革、优化营商环境、推动“大众创业，万众创新”，国务院办公厅在全面实施“三证合一、一照一码”登记制度的基础上，于 2016 年 6 月 30 日发布关于加快推进“五证合一、一照一码”登记制度改革的通知，并决定此重要举措于 2016 年 10 月 1 日起正式实施。

“五证合一”就是将企业依次申请的工商营业执照、组织机构代码证、税务登记证、社会保险登记证以及统计登记证合为一证，“一照一码”就是通过“一口受理、并联审批、信息共享、结果互认”，将以往需要由工商、质检、税务分别核发的不同证照改为由工商部门直接核发加载法人和其他组织统一社会信用代码的营业执照。

由此可见，“五证合一、一照一码”的积极意义不言而喻，税务登记的形式开始向速成化和便捷化方向发展。

第二节　账簿、凭证的管理

账簿、凭证的管理是税收征收管理的重要环节之一，账簿、凭证是纳税人、扣缴义务人进行纳税申报的重要依据。

税务机关按照法律规定从纳税人所获得的经济收入中征税，纳税人通过会计核算的方式将经济收入情况反映出来，而登记账簿、填制审核凭证、复式记账、编制会计报表等都是会计核算的方法。所以，加强账簿、凭证的管理，在保证纳税人真实、合法地进行会计核算并确保税务机关确认和征收准确、完整税额的同时，能更加有效地阻止与打击偷、漏、逃税等违法行为。

一、账簿设置的范围与期限

（一）一般规定

根据《税收征管法》及其《实施细则》的相关规定，纳税人、扣缴义务人需依法设置账簿。

纳税人设置账簿的时限为领取营业执照或发生纳税义务之日起十五日内；扣缴义务人设置代扣代缴、代收代缴税款账簿的时限为扣缴义务发生之日起十日内。纳税人还应自领取税务登记证件之日起十五日内，将财务、会计制度或者财务、会计处理办法报送主管税务机关备案。如果采用电子计算机记账的，应当在使用前将会计电算化系统的会计核算软件、使用说明书及有关资料报送税务机关备案，而且，会计电算化系统应当符合国家有关规定。

（二）救济规定

对于那些生产、经营规模小又确实没有建账能力的纳税人，《实施细则》规定，可以聘请经批准从事会计代理记账业务的专业机构或者财会人员代为建账和办理账务。若聘请上述机构或者人员有实际困难的，经县以上税务机关批准，可以按照税务机关的规定，建立收支凭证粘贴簿、进货销货登记簿或者使用税控装置。

二、账簿、凭证的要求

根据《实施细则》的规定，账簿是指总账、明细账、日记账以及其他辅助性账簿，其中总账、日记账应采用订本式。

《实施细则》第二十七条规定："账簿、会计凭证和报表，应当使用中文。民族自治地方可以同时使用当地通用的一种民族文字。外商投资企业和外国企业可以同时使用一种外国文字。"

账簿、凭证均应合法、真实、完整，不得伪造、变造或者擅自损毁。

会计人员应在年度结束后，将各种账簿、凭证以及其他涉税的相关资料，按顺序装订成册，统一编号、归档保管。一般情况下，账簿、凭证的保存期限为十年。保存期满需要销毁时，需经主管税务机关的批准才可销毁。

第三节　发票的管理

一、发票概述

（一）发票的概念

按照《中华人民共和国发票管理办法》（以下简称《发票管理办法》）的定义，发票是指在购销商品、提供或接受服务以及从事其他经营活动中，开具、收取的收付款凭证。

（二）发票的作用

（1）发票作为一种收付款凭证，与社会经济活动密不可分，是纳税人从事生产经营活动的一种商事凭证。

（2）发票记录了经济业务活动的原始状况、确认着经济业务内容以及经济责任，是会计核算和计算税款的原始凭证。

（3）发票是纳税人财务收支的重要工具与法定凭证。

（4）发票是税务稽查的重要依据。

（5）发票是国家监控经济活动与秩序，确保国家财产安全的重要手段。

（三）发票的种类

根据税收征收管理工作的内容，对于发票的种类，我国目前最常见的分类方式是将其分为普通发票、增值税专用发票以及专业发票三种。

1. 普通发票

普通发票是最为常见的发票，它包括行业统一发票，个体、私营业类发票以及适用于某一经营项目的专用发票。

①行业统一发票适用于某个行业和经营业务，如工业企业发票、商业零售统一发票、商业批发统一发票、建筑安装业发票等。

②个体、私营业类发票主要包括限额发票和定额发票。

限额发票是指开具的发票金额必须在一定的范围内，一旦超出所限额度，将被视作无效发票。通常情况下，限额发票的基本内容、联次同行业统一发票相同。

定额发票是由税务局专门印制的，有固定数额且不需填开的发票，也就是我们常说的手撕票。随着“营改增”的全面实施，定额发票的适用范围逐渐减少，目前除了不便使用税控系统开票以及小额收费等增值税小规模纳税人外（如小型餐馆餐饮费、停车费、洗车费等），其他行业几乎全面推行机打发票。

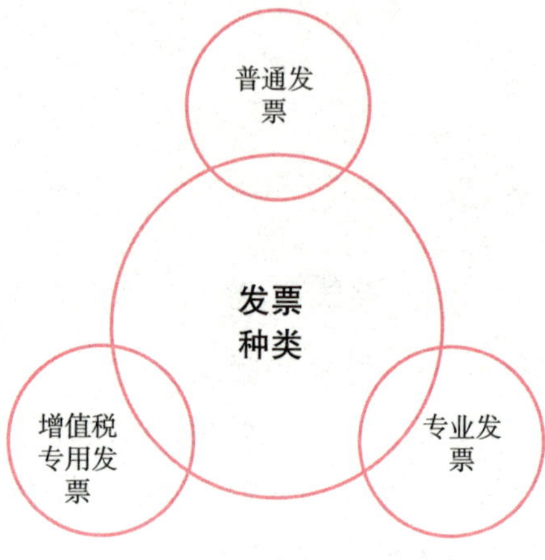

③适用于某一经营项目的专用发票。此类发票具有专门用途，是专为某种特定活动设计使用的发票，如广告费用结算发票、商品房销售专用发票等。

2. 增值税专用发票

增值税专用发票是我国推行增值税制度的产物，只有增值税一般纳税人和符合条件的增值税小规模纳税人按规定开具时使用。

增值税专用发票除了具备发票的基本作用外，因其实行凭票抵扣税款的制度，所以也是完税凭证，对增值税的计算与管理发挥着重要作用。

3. 专业发票

专业发票是指由相关国有部门开具使用的专业性很强的票据，主要包括：金融、保险企业的存贷、汇兑、转账凭证、保险凭证；邮政、电信企业的邮票、邮单、话务、电报收据；民用航空企业，交通部门铁路、公路、水上运输企业的客票、货票等。

专业发票经国家税务总局或省、自治区、直辖市税务机关批准，由政府和主管部门自行管理，自行设计式样，不套印税务机关的统一发票监制章，但可根据税收征管的需要纳入统一发票管理。

二、发票的管理内容

根据《税收征管法》以及《发票管理办法》等相关法律、法规，可将发

票的管理内容分为：发票的式样、印制、领购、开具、取得、保管、缴销、检查以及处罚等。

（一）发票的式样

《中华人民共和国发票管理办法实施细则》（以下简称《实施细则》）第二条规定："在全国范围内统一式样的发票，由国家税务总局确定。在省、自治区、直辖市范围内统一式样的发票，由省、自治区、直辖市税务局（以下简称省税务局）确定。"

发票的基本联次包括存根联、发票联、记账联。存根联由收款方或开票方留存备查；发票联由付款方或受票方作为付款原始凭证；记账联由收款方或开票方作为记账原始凭证。省以上税务机关可根据发票管理情况以及纳税人经营业务需要，增减除发票以外的其他联次，并确定其用途。

发票的基本内容包括：发票的名称、发票代码和号码、联次及用途、客户名称、开户银行及账号、商品名称或经营项目、计量单位、数量、单价、大小写金额、开票人、开票日期、开票单位（个人）名称（章）等。省以上税务机关可根据经济活动以及发票管理需要，确定发票的具体内容。

为了建立发票管理的长效机制，适应税收信息化管理的需要，根据"简并票种、统一式样、建立平台、网络开具"的工作思路，除增值税普通发票外，全国其他普通发票简并为通用机打发票、通用手工发票和通用定额发票三大类。另外，因特殊原因暂时保留的全国统一使用的票种有：机动车销售统一发票；二手车销售统一发票；公路内河货物运输统一发票；建筑业统一发票；不动产销售统一发票；公园门票；航空运输电子客票行程单；等等。

（二）发票的印制

1. 发票印制企业

根据相关规定，增值税专用发票由国务院税务主管部门指定的企业印制；其他发票，按照国务院税务主管部门的规定，由省、自治区、直辖市税务机关确定的企业印制。禁止私自印制、伪造、变造发票。

印制发票的企业应当具备下列条件。

①取得印刷经营许可证和营业执照。

②设备、技术水平能够满足印制发票的需要。

③有健全的财务制度和严格的质量监督、安全管理、保密制度。

税务机关应当以招标方式确定印制发票的企业，并发给发票准印证。发票准印证由国家税务总局统一监制，省级税务机关核发。税务机关应当对印制发票企业实施监督管理，对不符合条件的企业应当取消其印制发票的资格。

2. 发票防伪措施

印制发票应当使用国务院税务主管部门确定的全国统一的发票防伪专用品。禁止非法制造发票防伪专用品。

<table>
<tr><th colspan="4">发票真伪鉴别报送材料</th></tr>
<tr><th>序号</th><th>材料名称</th><th>数量</th><th>备注</th></tr>
<tr><td>1</td><td>待鉴别发票</td><td></td><td></td></tr>
<tr><td>2</td><td>经办人身份证明</td><td></td><td></td></tr>
<tr><th colspan="4">以下为条件报送资料</th></tr>
<tr><td rowspan="3">行政执法部门</td><td>工作证原件及复印件</td><td>1 份</td><td></td></tr>
<tr><td>待鉴别发票复印件</td><td>1 份</td><td>发票数量较多时，提供电子数据代替复印件</td></tr>
<tr><td>单位介绍信</td><td></td><td></td></tr>
<tr><td>申请人为单位的</td><td>加载统一社会信用代码的营业执照或登记证件</td><td></td><td>已实名认证的取消报送</td></tr>
<tr><td>自然人</td><td>身份证名</td><td></td><td></td></tr>
</table>

全国统一的发票防伪措施由国家税务总局确定，省税务机关可以根据需要增加本地区的发票防伪措施，并向国家税务总局备案。

发票防伪专用品应当按照规定专库保管，不得丢失。次品、废品应当在税务机关监督下集中销毁。

3. 发票监制章

发票应当套用全国统一发票监制章。全国统一发票监制章的式样和发票版面印刷的要求由国务院税务主管部门规定。发票监制章由省、自治区、直

辖市税务机关制作。禁止伪造发票监制章。

4. 发票换版规定

发票实行不定期换版制度。全国范围内发票换版由国家税务总局确定，省、自治区、直辖市范围内发票换版由省税务机关确定。

发票换版时，应当进行公告。

5. 发票印制通知

监制发票的税务机关根据需要下达发票印制通知书，被指定的印制企业必须按照要求印制。

发票印制通知书应当载明印制发票企业名称、用票单位名称、发票名称、发票代码、种类、联次、规格、印色、印制数量、起止号码、交货时间、地点等内容。

6. 发票印制的要求

印制发票的企业必须按照税务机关批准的式样和数量印制发票。

发票应当使用中文印制。民族自治地方的发票可以加印当地一种通用的民族文字。有实际需要的，也可以同时使用中、外两种文字印制。

各省、自治区、直辖市内的单位和个人使用的发票，除增值税专用发票外，应当在本省、自治区、直辖市内印制；确有必要到外省、自治区、直辖市印制的，应当由省、自治区、直辖市税务机关商印制地省、自治区、直辖市税务机关同意，由印制地省、自治区、直辖市税务机关确定的企业印制。

禁止在境外印制发票。

7. 发票印制管理制度

印制发票的企业按照税务机关的统一规定，建立发票印制管理制度和保管措施。

发票监制章和发票防伪专用品的使用和管理实行专人负责制度。

印制发票企业印制完毕的成品应当按照规定验收后专库保管，不得丢失。废品应当及时销毁。

（三）发票的领购

1. 发票领购的适用范围

（1）普通发票领购对象。

①依法办理了税务登记的纳税人，在领取税务登记证后可以申请领购发票。

②依法不需要办理税务登记的主体（如机关、部队、学校等），需要临时使用发票的，可以凭借相关书面证明、经办人身份证明，直接向经营地税务机关申请代开发票。

③临时到本省、自治区、直辖市和计划单列市以外从事生产经营活动的纳税人，向机构所在地的税务机关填报《跨区域涉税事项报告表》，在办理纳税担保的前提下，可向经营地税务机关申请领购经营地的发票。

发票领用报送材料			
序号	材料名称	数量	备注
1	经办人身份证明		
2	《发票领用簿》		
以下为条件报送资料			
领用增值税专用发票、机动车销售统一发票、增值税普通发票和增值税电子普通发票	增值税税控系统专用设备		

（2）增值税专用发票领购对象。

通常情况下，增值税专用发票的领购对象仅限于增值税一般纳税人，如果小规模纳税人需要开具增值税专用发票，则需经税务局代开。但是，目前存在以下两种特殊情况。

其一，有下列情形的一般纳税人不得领购增值税专用发票。

①会计核算不健全，不能按照会计制度和税务机关的要求，准确提供增值税的销项税款、进项税款、应纳税款数据以及其他有关增值税税务资料的。

②存在违反相关税收法律、法规行为且拒不接受税务机关处理的。

③销售的货物全部属于免税项目的（特殊规定的除外）。

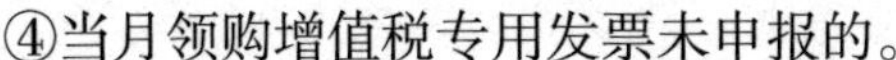

④当月领购增值税专用发票未申报的。

其二，目前可以自行开具增值税专用发票的试点小规模纳税人如下所述。

①提供住宿服务、销售货物或发生其他应税行为，且月销售额超过 3 万元（或季度销售额超过 9 万元）的住宿业小规模纳税人。

②提供认证服务、鉴证服务、咨询服务、销售货物或发生其他增值税应税行为，且月销售额超过 3 万元（或季度销售额超过 9 万元）的律师事务所、会计师事务所、税务师事务所、咨询公司等鉴证咨询业小规模纳税人。

③提供建筑服务、销售货物或发生其他增值税应税行为，且月销售额超过 3 万元（或季度销售额超过 9 万元）的建筑业小规模纳税人。

④月销售额超过 3 万元（或季度销售额超过 9 万元）的工业小规模纳税人。

⑤月销售额超过 3 万元（或季度销售额超过 9 万元）的信息传输业小规模纳税人。

⑥月销售额超过 3 万元（或季度销售额超过 9 万元）的软件业小规模纳税人。

⑦月销售额超过 3 万元（或季度销售额超过 9 万元）的信息技术服务业小规模纳税人。

2. 发票领购方式

发票领购的主要方式有三种：批量供应，交旧购新，验旧购新。

3. 领用发票流程

具备领购发票资格的纳税人在申请领购发票之前，需到主管税务机关进行发票票种核定。已经办理发票票种核定的纳税人，当前领用发票的种类、数量或者开具额度不能满足经营需要的，可以向主管税务机关申请调整。

首次领用发票的纳税人进行票种核定时需报送以下资料。

①《纳税人领用发票票种核定表》。

②加载统一社会信用代码的营业执照或登记证件原件。

③发票专用章印模。

④经办人身份证明原件。

非首次领用发票的纳税人则需报送以下资料。

①《发票领用簿》。

②《纳税人领用发票票种核定表》。

③经办人身份证明原件。

发票票种核定后，纳税人即可携带《发票领用簿》、经办人身份证原件，向主管税务机关领购发票。需要注意的是：纳税人申请领用增值税专用发票时，还需办理增值税专用发票（增值税税控系统）最高开票限额审批事项。

（四）发票开具的管理

根据《发票管理办法》及其《实施细则》的规定，发生经营性业务的单位或个人，作为收款方时有向付款方开具发票的义务；作为付款方时有向收款方索取发票的权利。未发生经营性业务一律不准开具发票。

发票开具是发票价值实现的体现，是经济业务活动的重要环节，所以，真实、完整、正确地开具发票是发票管理的重要内容。

发票开具的管理包括：普通发票开具的管理和增值税专用发票开具的管理。

普通发票开具的管理内容如下所述。

（1）除收购单位和扣缴义务人支付个人款项时需由付款方向收款方开具发票外，其余均由收款方向付款方开具发票。

（2）开具发票方未经税务机关批准，不得拆本使用发票，应当使用整本发票，并按照规定的时限、整本发票号码的顺序逐栏填开，填写项目齐全，内容真实，字迹清楚，全部联次一次打印，内容完全一致，并在发票联和抵扣联加盖发票专用章。

（3）填开的发票不得涂改、挖补、撕毁。

（4）开具发票应当使用中文，民族自治地方可以同时使用当地通用的一种民族文字。

（5）取得发票方不得要求变更品名和金额。

（6）除国务院税务主管部门规定的特殊情形外，发票仅限于领购单位和个人在本省、自治区、直辖市内开具，且不可买卖、转借、转让和代理开具。

（7）使用电子计算机开具发票的，须经主管税务机关批准，并使用税务机关统一监制的机外发票，开具后的存根联要按照顺序号装订成册。

（8）开具发票后，如发生销货退回需要开红字发票的，必须收回原发票并注明“作废”字样或取得对方有效证明；发生销售折让的，必须在收回原发票并注明“作废”后，重新开具发票或取得对方有效证明后开具红字发票。

增值税专用发票开具的管理内容如下所述。

除上述相关内容外，增值税专用发票开具的管理还应有以下内容。

增值税专用发票（增值税税控系统）最高开票限额审批报送材料			
序号	**材料名称**	**数量**	**备注**
1	《税务行政许可申请表》	1份	
2	《增值税专用发票最高开票限额申请单》	2份	
3	经办人身份证件原件	1份	
以下为条件报送资料			
委托提出申请还应报送	代理委托书原件	1份	
	代理人身份证件原件	1份	

（1）专用发票必须按照规定时限开具。如采用预收款、托收承付、托收银行收款结算方式的为货物发出当天；采用交款提货结算方式的，为收到货款的当天；采用赊销、分期付款结算方式的，为合同约定的收款日期的当天；将货物交付他人代销，为收到委托人送交的代销清单的当天；设有两个以上机构并实行统一核算的纳税人，将货物从一个机构移送其他机构用于销售，按规定应当征收增值税的，为货物移送当天；将货物作为投资提供给其他单位或个体经营者的，为货物移送当天；将货物分配给股东的，为货物移送的当天。

（2）增值税一般纳税人开具增值税专用发票后，发生销货退回、开票有误、应税服务终止等情形但不符合发票作废条件，或因销货部分退回及发生销售折让，需开具红字专用发票的，按如下规定处理。

①购买方取得专用发票已用于申报抵扣的，购买方可在增值税发票管理新系统中填开并上传《开具红字增值税专用发票信息表》（以下简称《信息表》），在填开《信息表》时不填写相对应的蓝字专用发票信息，应暂依《信息表》所列增值税税额从当期进项税额中转出，待取得销售方开具的红字专用发票后，与《信息表》一并作为记账凭证。

购买方取得专用发票为用于申报抵扣，发票联或抵扣联无法退回的，购买方填开《信息表》时应填写相对应的蓝字专用发票信息。

销售方开具专用发票尚未交付购买方，以及购买方未用于申报抵扣并将发票联及抵扣联退回的，销售方可在新系统中填开并上传《信息表》。销售方填开《信息表》时应填写相对应的蓝字专用发票信息。

②主管税务机关通过网络接收纳税人上传的《信息表》，系统自动校验通过后，生成带有“红字发票信息表编号”的《信息表》，并将信息同步至纳税人端系统中。

③销售方凭税务机关系统校验通过的《信息表》开具红字专用发票，在新系统中以销项负数开具。红字专用发票应与《信息表》一一对应。

④纳税人也可凭《信息表》电子信息或纸质资料到税务机关对《信息表》内容进行系统校验。

第四节 《关于取消20项税务证明事项的公告》的解读

一、制定《公告》的背景

为贯彻落实党中央、国务院关于减证便民、优化服务的部署要求，根据2018年6月15日国务院办公厅印发的《关于做好证明事项清理工作的通知》（国办发〔2018〕47号），国家税务总局结合本部门职责对法律、行政法规、部门规章和规范性文件等设定的各类证明事项进行了全面清理，并按照2018年11月16日印发的《国家税务总局关于实施进一步支持和服务民营经济发展若干措施的通知》（税总发〔2018〕174号）的相关安排，于2018年12月28日发布《关于取消20项税务证明事项的公告》（国家税务总局公告2018年第65号，以下简称《公告》），《公告》自发布之日起实行，所列20项证明事项停止执行。

二、《公告》主要内容及相关考虑

（一）《公告》的主要内容

此次决定取消的20项税务证明事项如下所述。

（1）饲料产品合格证明（1项用途）。

（2）中介机构专项报告及其相关的证明材料（1项用途）。

（3）专业技术鉴定意见（报告）或中介机构专项报告（1项用途）。

（4）不可抗力的事故证明（1项用途）。

（5）参加社会保险证明（2项用途）。

（6）工商业营业执照（1项用途）。

（7）个人身份证明（5项用途）。

（8）残疾人证明（1项用途）。

（9）核销事业编制、注销事业单位法人的证明（2 项用途）。

（10）决定撤销金融机构的证明（2 项用途）。

（11）单位性质证明（35 项用途）。

（12）医疗机构执业许可证（7 项用途）。

（13）海域使用权证明（1 项用途）。

（14）引入非公有资本和境外资本、变更资本结构的批准文件（1 项用途）。

（15）房屋、土地权属证明（91 项用途）。

（16）土地用途证明（9 项用途）。

（17）出租住房相关证明材料（2 项用途）。

（18）政府主办或确认为经济适用房、公共租赁住房的相关证明材料（2 项用途）。

（19）落实私房政策证明（1 项用途）。

（20）取得财政储备经费或补贴的文件或凭证（2 项用途）。

从《公告》的具体内容看，此 20 项税务证明事项共涉及具体办税事项 168 个，其中有 91 个办税事项需要“房屋、土地权属证明”，35 个办税事项需要“单位性质证明”，9 个办税事项需要“土地用途证明”，7 个办税事项需要“医疗机构执业许可证”，5 个办税事项需要“个人身份证明”，以及其他 20 个办税事项需要的证明或报告等。

从涉税领域来看，涉及税款征收 1 项，税收优惠 19 项。

从证明材料来源看，有诸如中介机构报告、不可抗力事故证明等 5 项证明材料，需专门为办理税务事项另从第三方取得；有诸如个人身份证明、单位性质证明、房屋和土地权属证明等 15 项法定证照为已有材料。

从证明性质来看，共有 2 项涉及鉴定检测的证明，4 项涉及单位性质或资质的证明，2 项涉及个人身份的证明，2 项涉及权属的证明，4 项涉及用途的证明，6 项涉及其他事实的证明。

从涉及的经济主体来看，共有 13 项涉及民营经济，7 项涉及个人等其他主体。

（二）《公告》的主要考虑

取消 20 项税务证明事项，是持续推动减证便民，优化营商环境，进一步深化“放管服”改革的决策部署；是切实减少资料要求、降低费用负担、缩短

办税时间的有效措施；是我国税务机构进一步转变管理方式、强化创新管理，不断增强税收治理能力的契机。

（三）替代措施

20 项税务证明事项取消后的办理方式，均不需再提交相关证明材料。其替代措施主要有：通过政府部门之间的信息共享或内部核查来证明；行政相对人可在申报表中直接填写相关信息；行政相对人自行出具说明或承诺；税务机关可对行政相对人自行留存的有关法定证照进行事后核查。

（四）加强事中、事后监管的相关措施

取消税务证明事项是行政改革的重要举措，是便民、利民的创新决策，税务机关在认真落实相关工作的同时，还应加强事中、事后监管，努力提升监管效能，优化部门职能。对此，税务机关可采取风险管理、大数据管理、信用管理、事后核查、必要时委托第三方检测等方式。另外，税务机关还可探索推行告知承诺制，强化对行政相对人承诺事项的事后审查。行政相对人一旦承诺不实甚至弄虚作假，税务机关可依法予以严厉处罚。

第五节 个体工商户也要建账报税

一、《个体工商户建账管理暂行办法》修改的主要内容及意义

2018 年 6 月 5 日，国家税务总局发布了《关于修改部分税务部门规章的决定》(国家税务总局令第 44 号)，对 23 件税务部门规章进行修改，并于公布之日起施行。其中，《个体工商户建账管理暂行办法》(国家税务总局令第 17 号)也在修改的行列。

我国现行的《个体工商户建账管理暂行办法》是经国家税务总局于 2006 年 12 月 7 日第四次局务会议审议通过的，并自 2007 年 1 月 1 日起正式施行的税务规章。该办法是国家税务总局根据有关法律规定以及我国个体经济发展变化的实际情况，对 1997 年发布的《个体工商户建账管理暂行办法》进行全面修改后，发布的有关个体建账管理的税务规章。其出台实施的主要目的是进一步提高个体工商户税收征管质量，规范个体工商户账簿设置以及使用管理，促进个体经济健康发展。

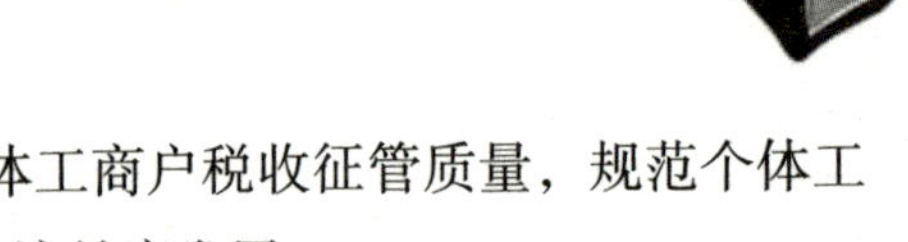

2018 年，国家税务总局对《个体工商户建账管理暂行办法》的修改是根据税务机构改革的需要以及社会经济发展具体情况而开展的必要性工作，其修改的主要内容如下所述。

（1）将《个体工商户建账管理暂行办法》第三条第三项、第四条第三项中的“省级税务机关”修改为“省税务机关”。

（2）将第十五条“按照建账户流转税征收权的归属划分建账管辖权，即

以缴纳增值税、消费税为主的个体工商户，由国家税务局负责督促建账和管理；以缴纳营业税为主的个体工商户，由地方税务局负责督促建账和管理”删去。

（3）将第十七条修改为“依照本办法规定应当设置账簿的个体工商户违反有关法律、行政法规和本办法关于账簿设置、使用和保管规定的，由税务机关按照税收征管法的有关规定进行处理”，并改为第十六条。

（4）将第二十条中“国家税务局、地方税务局”修改为“税务局”，并改为第十九条。

国家税务总局此次对《个体工商户建账管理暂行办法》的修改，是贯彻落实党中央深化党和国家机构改革方案的重要举措之一，对保障税制改革、规范税务行政执法、保护纳税人合法权益具有重要意义。

事实上，关于个体工商户也要建账报税的问题，国家税务总局早有规定，只不过由于种种原因，使得税务机关以往对个体户的监管相对宽松。2018 年 6 月 5 日，国家税务总局发布的《关于修改部分税务部门规章的决定》，再次明确地规定了个体工商户也需要建账。这是进一步完善我国税收制度的必要手段，是促进个体工商户规范经营的重要举措。

二、个体工商户如何建账

首先，需明确要建账的个体工商户的标准。

根据修改后的《个体工商户建账管理暂行办法》第二条的规定，凡从事生产、经营并有固定生产、经营场所的个体工商户，都应当按照法律、行政法规和本办法的规定设置、使用和保管账簿及凭证，并根据合法、有效凭证记账核算。

其次，需正确选择相对应的建账系统。

根据修改后的《个体工商户建账管理暂行办法》第三条的规定，符合下列情形之一的个体工商户，应当设置复式账。

①注册资金在 20 万元以上的。

②销售增值税应税劳务的纳税人或营业税纳税人月销售（营业）额在 4 万元以上；从事货物生产的增值税纳税人月销售额在 6 万元以上；从事货物批发或零售的增值税纳税人月销售额在 8 万元以上的。

③省税务机关确定应设置复式账的其他情形。

根据修改后的《个体工商户建账管理暂行办法》第四条的规定，符合下列情形之一的个体工商户，应当设置简易账，并积极创造条件设置复式账。

①注册资金在10万元以上20万元以下的。

②销售增值税应税劳务的纳税人或营业税纳税人月销售（营业）额在1.5万元至4万元；从事货物生产的增值税纳税人月销售额在3万元至6万元；从事货物批发或零售的增值税纳税人月销售额在4万至8万元的。

③省税务机关确定应当设置简易账的其他情形。

再次，各建账系统的具体要求。

根据修改后的《个体工商户建账管理暂行办法》第九条、第十条的规定，设置复式账的个体工商户应按《个体工商户会计制度（试行）》的规定设置总分类账、明细分类账、日记账等，进行财务会计核算，如实记载财务收支情况。成本、费用列支和其他财务核算规定按照《个体工商户个人所得税计税办法（试行）》执行。复式账簿中现金日记账、银行存款日记账和总分类账必须使用订本式，其他账簿可以根据业务的实际发生情况选用活页账簿。

设置简易账的个体工商户应当设置经营收入账、经营费用账、商品（材料）购进账、库存商品（材料）盘点表和利润表，以收支方式记录、反映生产、经营情况并进行简易会计核算。简易账簿均应采用订本式。

最后，其他关于建账的主要注意事项。

①根据修改后的《个体工商户建账管理暂行办法》第六条的规定：达不到上述建账标准的个体工商户，经县以上税务机关批准，可按照《税收征管法》的规定，建立收支凭证粘贴簿、进货销货登记簿或者使用税控装置。

②选择设置复式账或简易账的个体工商户，需报主管税务机关备案。并且，在一个纳税年度内，不得对一经确定的账簿方式进行变更。

③根据修改后的《个体工商户建账管理暂行办法》第十一条的规定：设置复式账的个体工商户在办理纳税申报时，应当按照规定向当地主管税务机关报送财务会计报表和有关纳税资料。月度会计报表应当于月份终了后十日内报出，年度会计报表应当在年度终了后三十日内报出。

④对于符合建账条件、自身却无法做账的个体工商户，按照修改后的《个体工商户建账管理暂行办法》第十二条规定，可以聘请经批准从事会计代理记账业务的专业机构或具备资质的财会人员代为建账和办理账务。

第二章

税种及税率

第一节　税种分类

税种是税收种类的简称，是一国税收体系中的基本课税类别。征税对象、纳税人、税目、税率、纳税环节、纳税期限、缴纳方式、减税、免税以及违章处理等都是一个税种的主要构成要素。而一个税种区别于另一个税种的主要标志是不同的征税对象和纳税人。通常情况下，税种的名称是根据征税对象来命名的。如对消费品的流转额课税的税种，称为消费税；以增值额作为计税依据的税种，称为增值税；等等。

我国现行的税种共有18个，它们分别是：个人所得税、企业所得税、车船税、船舶吨税、环境保护税、烟叶税、车辆购置税、耕地占用税、增值税、消费税、关税、资源税、城镇土地使用税、土地增值税、房产税、印花税、契税、城市维护建设税。其中前八个税种已通过全国人大立法，剩余的税种税收事项则仍暂依靠行政法规、规章以及规范性文件来规定。

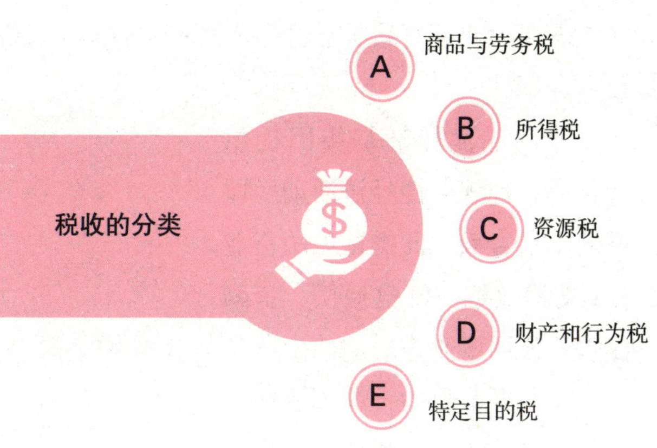

目前，我国税收分为五大类：商品与劳务税、所得税、资源税、财产和行为税、特定目的税。

第二节　商品与劳务税

一、商品税的概述

商品与劳务税，顾名思义，是所有对生产、消费的商品或提供的劳务课税的税种的总称，简称“商品税”。因其是在流通过程中征收的，所以也可称为“流转税”。从计税原理上说，商品税是对商品的流转额以及非商品的流转额为课税对象的税种。

商品流转额是指在商品交换过程中发生的买卖交易金额。对于买方来说，具体表现为购进商品所支付的金额；对于卖方来说，则表现为销售商品所得的收入金额。

非商品流转额是指因提供劳务或各种服务性经济活动所取得的交易金额。此类常见的行业有：交通运输、邮电通信、金融保险、公用事业等。

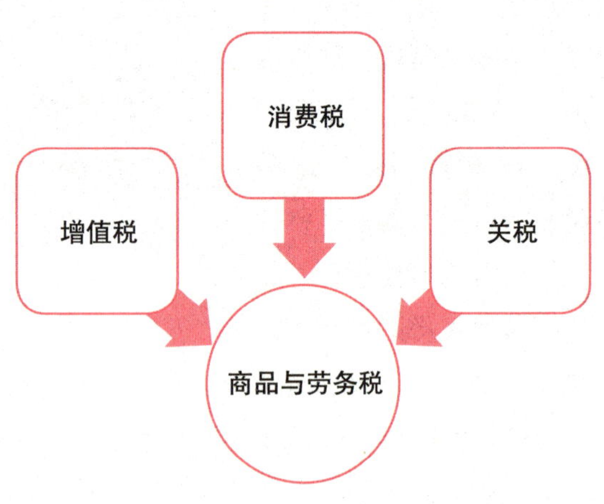

改革开放以后，我国所涉及的商品税主要有：产品税、营业税、增值税、消费税以及关税。产品税于 1984 年 10 月 1 日起开征。1993 年 12 月 13 日公布的《中华人民共和国增值税暂行条例》，标志着产品税退出了我国税制的历史舞台。1984 年 10 月起实施的第二步“利改税”，将营业税恢复成独立的税种。2012 年 1 月 1 日，经国务院批准，“营改增”试点方案开始推行。2016 年下半年，我国将全行业纳入“营改增”的范围，至此，营业税退出了我国税制

的历史舞台。

目前，我国现行的商品税种包括增值税、消费税以及关税。

二、商品税的特点

（一）税源普遍，存在税负转嫁的现象

从商品税的计税原理可知，只要发生商品和劳务的经济活动，就会产生流转额，于是就有可能征收商品税。现如今，人类无时无刻不在进行着商品、劳务活动，因此，商品税的税源也就变得十分普遍，同时也非常稳定。

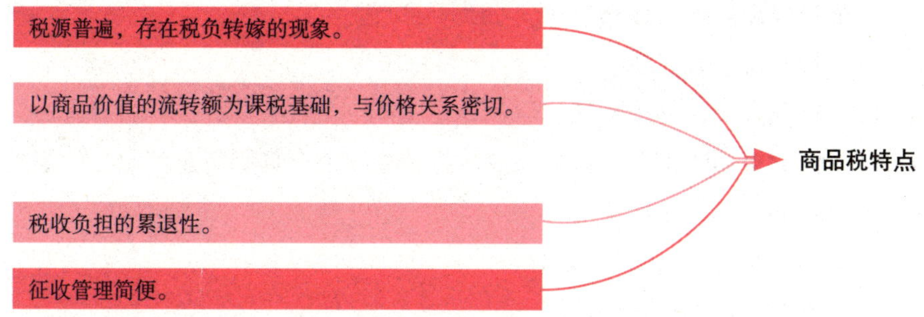

商品税在形式上虽然由商品的生产者或销售者缴纳，可实际上所纳的税额通常都会加入商品的销售价中，从而转嫁给消费者来负担。

（二）以商品价值的流转额为课税基础，与价格关系密切

流转额是商品税的课税对象，全世界大多数国家的商品税都是采取从价计税的方式。因此，商品或劳务的销售价格对于税收的影响非常大。

商品税与价格的关系存在两种相互对应的形式：价内税和价外税。

价内税就是流转税税款包含在产品的价格内，如消费税；对应的价外税就是商品的价格不包含流转税税款，如增值税。

在税率一定的情况下，不论是采取价内税还是价外税，商品价格的高低通常都与征收税额的多少成正比。

（三）税收负担的累退性

税负的累退性主要是指纳税人的税收负担随着收入的增加而变小。

我国的商品税一般采用的是比例税率。比例税率是指对同一征收对象，不管其数量或金额的多少，统一按照相同的比例来征收的税率。如此一来，收入越少，税负相对越重；收入越多，税负相对越轻。

由此可见，税负的累退性较难体现税收公平的原则。

（四）征收管理简便

商品税主要是针对公司、企业等经营活动相对集中的纳税人，其征收对象也比较集中，因而征收成本比较低，便于征收管理。

商品税主要采用比例税率，而比例税率的一大特点就是计算简便，如此也使其征收管理更加简便。

三、商品税的优缺点

商品税优点如下所述：

（1）税收稳定且充裕。

（2）征收方便，易于管理。

（3）能直接影响市场经济活动，从某种程度上可抑制特定消费品的消费。

商品税的弊端如下所述：

（1）不符合税收公平的原则。

（2）不符合量能负担的原则。

四、商品税在我国税制结构中的主体地位

税制结构通常是指各税种在税收体系中的布局、比重关系以及调节方向等内容。

中华人民共和国成立以来，我国税收制度历经多次重大变革，税制结构也随着几经变更，但商品税始终占据主体地位。

从中华人民共和国成立初期到党的十一届三中全会这段时间，商品税占整个税收收入的80%以上；党的十一届三中全会以后到1994年税制改革之前的这段时间，我国的税制体系基本是“商品税为主体，所得税次之，其他税种相互配合”的模式；1994年税制改革后，我国的税种逐渐由32个减少到18个，税制结构得以简化，但商品税仍占主体地位。

从目前以及未来一定时期的经济形势看，商品税将继续作为主体税种居于我国税制结构的核心地位。某种程度上，这是发展中国家的社会经济状况所导致的结果。

第三节　所得税

一、所得税概述

所得税又称所得课税、收益税，是指国家对法人、自然人和其他经济组织在一定时期内的各种所得征收的一类税收。简言之，就是以纳税人的所得额为课税对象的税收。

所得额也称“应税所得额”，通常指的是自然人、法人和其他经济组织在一定时期内所获得的收入减去为获取收入而产生的费用的余额。

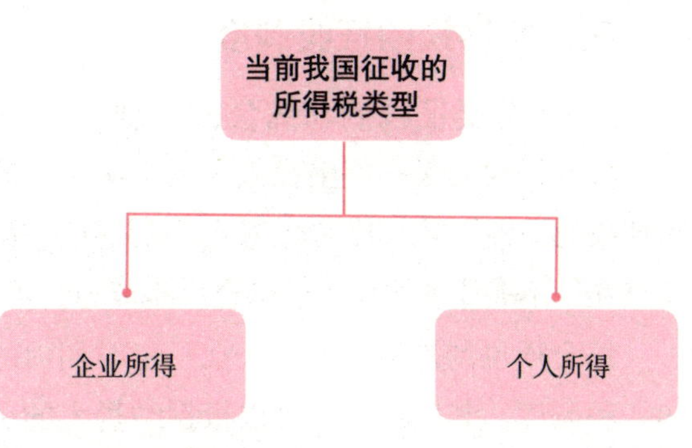

我国目前征收的所得税对应的所得额主要包括两种类型，如下所述。

（1）企业所得：是企业在一个纳税年度内生产经营收入的总额，减去成本、费用、国家允许在所得税前列支的税金以及各项扣除项目后的余额。

（2）个人所得：是个人从各种所得来源获得的收入。

二、所得税的主要特点

其一，所得税通常是以纳税人的纯所得为征收对象，税基广泛，税负不易于转嫁，课征公开透明。

其二，所得税的计税依据一般是经过计算得出的应税所得额，而对应税所得额的计算需要考虑到成本、费用、扣除项目等各种相关因素，从而加大了征收管理的难度与复杂性。

其三，所得税具有弹性的征收功能。通常情况下，纳税人与实际负担人一致，如此可以直接调节纳税人的收入。

所得税要求在纳税人有盈利时才征收，如此虽会造成税收收入的不稳定，但在采用累进税率的情况下，可以自动根据经济状况来增加或减少税收，这种弹性的征收模式不仅可以在调节个人收入差距方面起到积极作用，还可以有效调节经济的运行。

其四，应纳税税额与成本、费用、利润水平等密切相关，如此有利于加强财务管理，从而促使纳税人建立、健全财务会计制度以及改善经营管理。

其五，所得税课税比较公平。所得税通常采用的是累进税率的方式征税，另外，再加上各种宽免以及扣除项目的设置，很大程度上促进了横向与纵向的公平。

三、所得税的征收制度

（一）分类征税制和综合征税制

分类征税制是指将纳税人不同来源、性质的所得，分别按照不同的税率来征收的一种制度。其优点在于课征简便，易于控制税源，防止偷漏税款；其缺点在于不能体现纳税人的综合负担能力，不利于实行累进税率。

综合征税制是指对纳税人在一定时期内的各项各种来源所得的总额征税的一种制度。其优点在于可以根据纳税人的负担能力采用累进税率，充分体现“量能课征”的公平原则；其缺点在于计算核实纳税人的所得额比较困难和复杂，极易造成偷漏税现象。

（二）比例税率与累进税率

比例税率是指对同一征收对象，不管其数量或金额的多少，统一按照相同的比例来征收的税率。其优点在于计算简便，有利于鼓励竞争，实现规模经营；其缺点主要在于较难体现税收公平的原则。

累进税率是随着征税对象数额的增加而逐级提高的税率。其优点主要在于能够体现量能负担的原则，税负比较公平，采用累进税率还有利于自动调节社会总需求的规模，促使经济保持相对稳定，因此，累进税率常被称为“自动稳定器”；其缺点主要在于税款计算比较复杂，而且对纳税人的劳动积极性与再投资能力具有一定的抑制作用。

（三）所得税征收方法

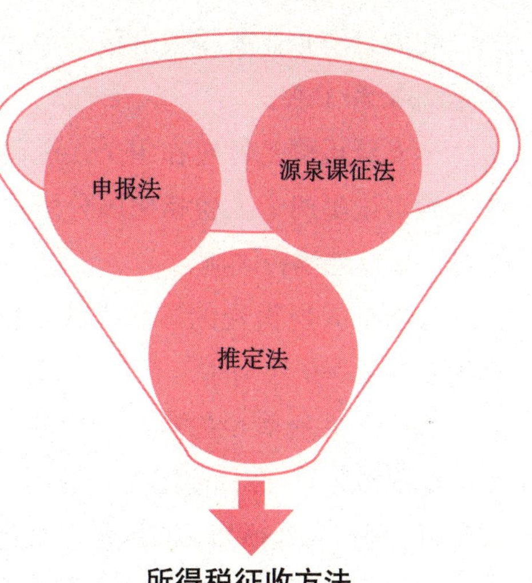

所得税征收方法

源泉课征法，是在所得额发生之初课税，即在所得取得、支付时由支付人先行扣税直接缴纳入国库的征收方法。主要适用于分类征税制和比例税率模式。其优点在于手续简便，从而确保税款及时、均衡入库，并且能有力地控制税源，防止偷漏税；其缺点在于只适用于部分所得，且不能体现合理负担的原则。

申报法，又称综合课税法，是指纳税人在一定时期内，按照税法规定的要求自行申报所得额，然后，税务机关调查审核，并按核实的数额依率计征的方法。主要适用于综合征税制和累进税率模式。其优点在于充分体现量能负担的原则；其缺点在于纳税人自行申报，增加了税务机关的管理难度，极易出现偷漏税的现象。

推定法又称估征法，是指税务机关根据纳税人的某些外部特征或特定经济规则来推定其所得多少，再按率征税的方法。其优点在于计征简便；缺点在于主观臆断的估定额难以准确反映纳税人负担能力，且极易导致贪污受贿等违法犯罪行为的发生。

四、我国现行所得税制结构

中华人民共和国成立以后相当长的一段时间里，所得税制在我国税制体系中所占比重都非常小。改革开放以后，特别是“利改税”以及工商税制改革以后，所得税制的比重才开始变得越来越大，目前仅次于商品税在我国税制中的地位。

新的税制改革实施以来，我国现行税制中所得税类的税收主要就是企业所得税以及个人所得税。

企业所得税是针对中华人民共和国境内的企业和其他取得收入的组织，以其生产经营所得作为课税对象征收的一种所得税。这里所说的企业既包括居民企业，也包括非居民企业。

我国目前企业所得税的税率为25%。此外，还规定了两档优惠税率，分别是20%和15%。

个人所得税是针对在中华人民共和国境内取得所得的个人所征收的一种所得税。这里的个人包括中国公民，在华取得所得的外籍人员（包括无国籍人员）以及港澳台同胞。

我国个人所得税的征收方式采用源泉课征法与自行申报法并用的方法，其中以源泉课征法为主。

我国个人所得税的应税所得项目主要有：工资、薪金所得；劳务报酬所得；稿酬所得；特许权使用费所得；经营所得；利息、股息、红利所得；财产租赁所得；财产转让所得；偶然所得以及其他所得。

我国个人所得税的税率按应税所得项目的不同，分别规定了3种不同的税率，如下所述。

①综合所得（工资、薪金所得，劳务报酬所得，稿酬所得，特许权使用费所得）适用3% ~ 45%的7级超额累进税率。

②经营所得适用5% ~ 35%的5级超额累进税率。

③对于利息、股息、红利所得，财产租赁所得，财产转让所得和偶然所得适用20%的比例税率。

第四节　资源环境税

一、我国资源环境税税种

我国的资源环境税税种主要包括：资源税、城镇土地使用税、土地增值税和环境保护税。

二、资源税概述

（一）资源税的概念

资源税是对在中华人民共和国领域及管辖海域开采应税矿产品和生产盐的单位和个人，就其应税数量征收的一种税。

（二）资源税的特点

1. 征收范围相对较窄，实行级差调节

我国的自然资源虽然丰富多样，但征税范围相对较窄。目前，仅把比较普遍、级差收入差异较大且易于征收管理的矿产品和盐列入征税范围。

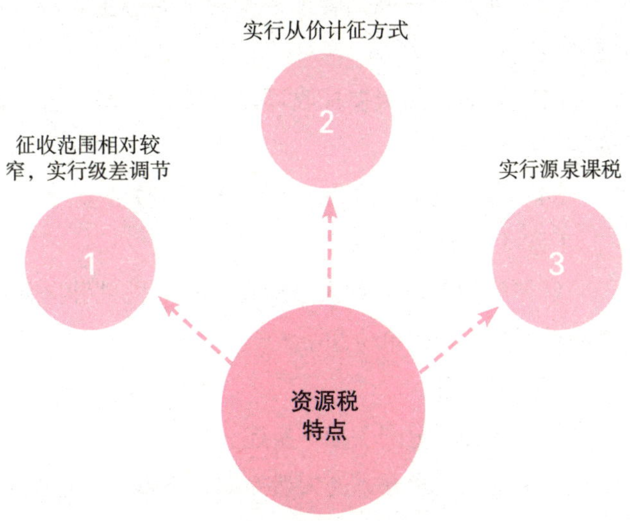

不过，随着对自然资源的合理利用以及保护力度的不断增加，资源税的征税范围也在逐步扩大。2016年5月9日，财政部、国家税务总局发布了

《关于全面推进资源税改革的通知》，在涉及扩大资源税的征收范围的内容中，主要有两项重要举措：一是开展水资源税改革试点工作；二是逐步将其他自然资源纳入征收范围。

由于自然资源优劣情况不同，所以，我国资源税实行级差调节的方式征收。

2. 实行从价计征方式

我国于 1984 年开征资源税，当时是以实际销售收入为计税依据。从 1994 年 1 月 1 日起，资源税开始实行从量定额的征收办法。到了 2011 年 11 月，我国陆续对原油、天然气、煤炭等资源实施从价计征的征收办法。自 2016 年 7 月起，对包括盐矿在内的绝大部分矿产资源，开始全面实施从价计征的方式。

对资源税计征方式的不断调整符合市场经济规律和资源价值规律，构建了税收调节与资源价格直接挂钩的自动调节机制，有利于理顺国家与资源开采之间的收益分配关系。

3. 实行源泉课征

按照资源税法相关规定，不论采掘或生产单位是否属于独立核算，均在采掘或生产地控制税收。如此，不仅可以照顾采掘地的利益，而且可以避免税款的流失。

（三）资源税的作用

（1）实行资源级差调节，有利于促进企业间开展平等竞争。

（2）加强对资源的管理，有利于促进企业对自然资源的合理、合法地开发利用。

（3）资源税的级差征收可以排除因资源优劣而造成的企业利润分配不合理的状况。

（4）资源税的征收为国家筹集了财政资金。

（四）纳税义务人

资源税的纳税义务人是指在中华人民共和国领域及管辖海域开采应税矿产品或者生产盐的单位和个人。

（五）税目

税目（征税范围）如下所述。

①原油，是指开采的天然原油，不包括人造石油。

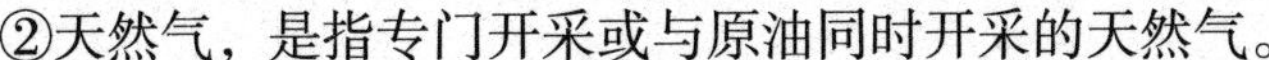

②天然气，是指专门开采或与原油同时开采的天然气。

③煤炭，是指原煤，不包括洗煤、选煤及其他煤炭制品。

④其他非金属矿原矿，是指上列产品和井矿盐以外的非金属矿原矿。

⑤黑色金属矿原矿。

⑥有色金属矿原矿。

⑦固体盐，是指海盐原盐、湖盐原盐和井矿盐。液体盐，是指卤水。

（六）计税依据

全面实施资源税改革后，目前，我国资源税的应纳税额，按照从价定率的办法，以应税产品的销售额乘以纳税人具体适用的比例税率来计算。

从价定率征收的计税依据是销售额。

对《资源税税目税率幅度表》中列举名称的 21 种资源品目和未列举名称的其他金属矿实行从价计征，计税依据由原矿销售量调整为原矿、精矿（或原矿加工品）、氯化钠初级产品或金锭的销售额。列举名称的 21 种资源品目包括：铁矿、金矿、铜矿、铝土矿、铅锌矿、镍矿、锡矿、石墨、硅藻土、高岭土、萤石、石灰石、硫铁矿、磷矿、氯化钾、硫酸钾、井矿盐、湖盐、提取地下卤水晒制的盐、煤层（成）气、海盐。

应税产品的具体适用税率，由地方自行确定，中央仅规定税率幅度。

此销售额为纳税人销售应税产品（原油、天然气）向购买方收取的全部价款和价外费用，但不包括收取的增值税销项税额。

价外费用，包括价外向购买方收取的手续费、补贴、基金、集资费、返还利润、奖励费、违约金、滞纳金、延期付款利息、赔偿金、代收款项、代垫款项、包装费、包装物租金、储备费、优质费、运输装卸费以及其他各种性质的价外收费。

另外，从量计征的税目有地热、石灰岩、其他黏土、砂石、矿泉水、天然卤水等。

三、资源环境税改革新动向

2018 年 12 月，资源税法草案首次提请第十三届全国人大常委会第七次会议审议，这标志着资源税暂行条例将上升为法律。

第五节　财产和行为税、特定目的税

一、财产和行为税及特定目的税的概念

财产和行为税分为财产税和行为税两大类。财产税是指对财产所有人、占有人或使用人所拥有或支配的应税财产，就其数量或价值征收的一种税；行为税是指以纳税人的特定行为为征税对象的一种税收。

目前，我国现行的财产和行为税包括：房产税、车船使用税、契税、印花税、烟叶税等。

财产和行为税	特定目的税
· 房产税	· 城市维护建设税
· 车船使用税	· 车辆购置税
· 契税	· 耕地占用税
· 印花税	· 船舶吨税
· 烟叶税	

特定目的税是指国家为了达到某种特定目的而设立的税种。

目前，我国现行的特定目的税包括：城市维护建设税、车辆购置税、耕地占用税、船舶吨税。

二、财产和行为税的特点

（一）财产税的特点

（1）财产税与其他税种相区别的根本之处在于其课税对象是财产的存量。例如，财产税与所得税相比，虽然都是对收入的征税，但财产税的课税对象是对累积收入的征税，而所得税的课税对象是对收入的流量进行征税。

（2）财产税是直接税，其纳税义务人同时也是实际负担人。

（3）财产税的课税对象主要是不动产，其具有可靠性与稳定性，如土地、房屋等。

（4）财产税通常是地方财政收入的一大来源，因为一般当地政府比较容

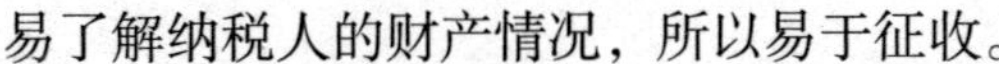

易了解纳税人的财产情况，所以易于征收。

（二）行为税的特点

（1）政策性较强，大多是国家为限制某种特定行为开征的。

（2）税源收入比较不稳定。行为税主要是为限制某种行为而开征的，往往具有临时性和偶然性，一旦该行为因征税等原因减少时，该税种的收入也将随之减少。

（3）由于征收税源比较分散，征收标准难以掌握，征收管理难度较大。

（4）各税种课税对象及征收规定差异较大，税种复杂，但针对性强，可以弥补其他税种调节不足的问题。

第六节 《中华人民共和国电子商务法》解读

一、立法背景

2018 年 8 月 31 日，第十三届全国人大常委会第五次会议表决通过《中华人民共和国电子商务法》(以下简称《电子商务法》)，并于 2019 年 1 月 1 日起正式施行。

《电子商务法》从草案的提出到成稿文件的最终确立，有其重要的立法进程与经济背景。

事实上，在《电子商务法》起草之前，我国已先后通过了三部相关法律为其出台做了铺垫、提供了借鉴。它们分别是：2000 年 12 月 28 日，第九届全国人大常委会第十九次会议审议通过的《关于维护互联网安全的决定》；2004 年 8 月 28 日，第十届全国人大常委会第十一次会议通过的《中华人民共和国电子签名法》；2012 年 12 月 28 日，第十一届全国人大常委会第三十次会议通过的《关于加强网络信息保护的决定》。

据统计，2012 年，中国电子商务交易额达 7.85 万亿元，同比增长 30.8%；网络零售额超过 1.3 万亿元，占社会消费品零售总额的 6.3%；有超过 200 万人直接从事电子商务服务业，更有超过 1500 万人被间接带动就业；同时，参与网购的消费者有近 4 亿人。

伴随着国内经济的持续繁荣与互联网产业的进一步推广，电子商务在“十二五”期间以年均超过 30% 的速度增长。至 2018 年，其交易额已超过 31.63 万亿元，我国的电子商务市场规模已跃居全球首位。

在如此规模的网络市场环境下，销售假冒伪劣商品、交易平台责任承担以及消费者权益保护等各种问题随之显现，并有日益增多的趋势。在原有的管理方式与相关法律法规无法适应电子商务快速发展所带来的诸多问题时，一部具有权威性、综合性、现代性的《电子商务法》的制定，成为党和国家亟待完成的重要事项。

2013 年 12 月 7 日，第十二届全国人大常委会召开了《电子商务法》第一次起草组会议，正式启动了其立法进程。27 日，全国人大财经委正式启动《电子商务法》立法工作。

2014 年 11 月 24 日，第十二届全国人大常委会召开《电子商务法》起草组第二次全体会议。此次会议明确提出，《电子商务法》要以促进发展、规范秩序、维护权益为立法的指导思想。

税务人员说：《电子商务法》从 2013 年 12 月第一次起草会议召开到正式立法，共经历了 5 年时间。

2016 年 12 月 19 日，在第十二届全国人大常委会第二十五次会议上，全国人大财经委提请审议《电子商务法》草案初稿。

2016 年 12 月 27 日至 2017 年 1 月 26 日，通过中国人大网向全社会公开征求有关电子商务立法的意见。

2017 年 10 月 31 日，第十二届全国人大常委会第三十次会议对《电子商务法》草案进行了第二次审议。

2018 年 6 月 19 日，《电子商务法》草案第三次提请第十三届全国人大常委会第三次会议审议。紧接着，从 8 月 27 日至 8 月 31 日，第十三届全国人大常委会第五次会议对《电子商务法》进行四审，并最终表决通过。

二、《电子商务法》有关税务内容

《电子商务法》对电子商务经营主体、经营行为、合同、物流快递、电子支付等问题，做出了比较明确、集中的规定。

《电子商务法》涉及税务事项的主要内容如下所述。

（1）按照《电子商务法》第十一条的规定，电子商务经营者应当依法履行纳税义务，并依法享受税收优惠。依照前条规定不需要办理市场主体登记的电子商务经营者在首次纳税义务发生后，应当依照税收征收管理法律、行政法规的规定申请办理税务登记，并如实申报纳税。

（2）按照《电子商务法》第二十八条第二款的规定，电子商务平台经营者应当依照税收征收管理法律、行政法规的规定，向税务部门报送平台内经营者的身份信息和与纳税有关的信息，并应当提示依照本法第十条不需要办理市场主体登记的电子商务经营者依照本法第十一条第二款的规定办理税务登记。

三、《电子商务法》的意义

《电子商务法》是电子商务领域的一部基础性、综合性和现代性的法律，由于其制定的周期长且成文时间比较晚，所以，其中的一些内容在其他相关法律中也有规定。《电子商务法》只是针对电子商务领域其他法律未涉及的问题进行了重点规定，以弥补现有相关法律的不足。所以，在实施《电子商务法》对电子商务领域进行规范、管理的同时，需要从整体上把握好与其他相关法律之间的衔接关系。比如在税务问题上，《电子商务法》需要与《税收征管法》《税务登记管理办法》等税务相关法律相衔接，这样才能更有效、更全面地规范电子商务发展。

《电子商务法》不仅明确规定了电子商务经营者的相关义务以及各种违法违规行为的处罚标准，还强化了对消费者权益的保护。该法把支持和促进电子商务持续健康发展放在首位，使电子商务在有法可依、有法必依的规范环境下继续前行，是极具时代意义的法律规范。

第三章

纳税人网上申报流程

第一节　一般纳税人网上申报

根据《税收征管法》及其《实施细则》，纳税人必须依照规定的申报期限据实办理纳税申报。纳税人在纳税期限内没有应纳税款的，也应当按照规定办理纳税申报。纳税人享受减免税待遇的，在减免税期间同样应当按照规定办理纳税申报。

一般纳税人的增值税是按月申报的，纳税期限为每月的 1 ～ 15 日。如果期限的最后一日是法定休假日的，以休假日期满的次日为期限的最后一日。在期限内有连续 3 日以上法定休假日的，按休假日天数顺延。

一、增值税一般纳税人网上申报主要流程

（1）抄报税：登录开票系统软件进行抄税，然后通过网上抄报向税务机关上传上月开票数据。通常在每月 1 日开始抄税。

（2）纳税申报：进入网上纳税系统，填写相关申报表并发送。申报成功后通过税银联网实时扣缴税款。

（3）清卡或反写：纳税人申报成功后，再次登录开票系统，选中远程抄报税，再选择报税状态，此时系统会弹出报税结果查询，再进入远程报税，选择清卡或反写。

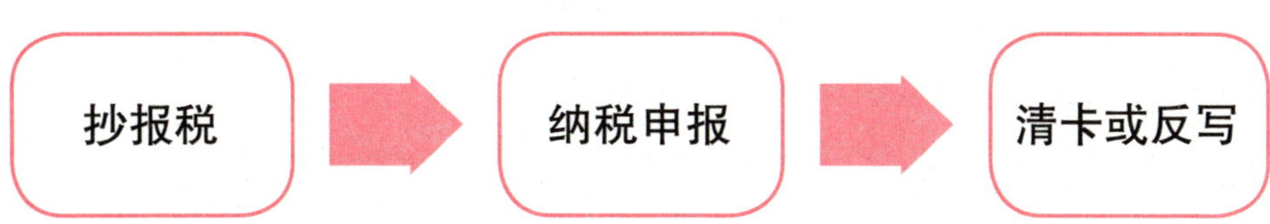

注意：如果一般纳税人没有使用防伪税控开票系统的，只需进行到第二步操作即可。

二、增值税一般纳税人申报表及其附列资料表的填写步骤

增值税一般纳税人网上申请的报表包括：增值税一般纳税人主表、附表一本期销售收入情况明细、附表二本期进项税额明细、附表四税额抵减情况表、附表五不动产分期抵扣计算表、固定资产抵扣表等。进行网报填表时需按顺序填写并保存。

第一步，填写几个附表。

①固定资产（不含不动产）进项税额抵扣情况表：反映除不动产以外其他固定资产的进项抵扣情况。

②附表四税额抵减情况表：反映纳税人税额抵减情况。在其第一栏第二列中填入“本期发生额”，第四列中填入“本期实际抵减税额”，在此填写的相应金额在主表的第二十三栏（应纳税额减征额）中须再次填写。

③有不动产分期抵扣项目的，须填写附表五不动产分期抵扣计算表。

根据国家税务总局2016年3月31日发布的《不动产进项税额分期抵扣暂行办法》的规定，2016年5月1日后取得并在会计制度上按固定资产核算的不动产，以及2016年5月1日后发生的不动产在建工程，其进项税额应按照本办法有关规定分两年从销项税额中抵扣，第一年抵扣比例为60%，第二年抵扣比例为40%。

④本期抵扣进项税额结构明细表：反映进项明细，准确区分进项类别。

第二步，填写附表一本期销售收入情况明细。

第三步，填写附表二本期进项税额明细。

第四步，有享受减免税业务的填写增值税减免税申报明细表。

第五步，填写增值税一般纳税人主表。

第二节　小规模纳税人网上申报

小规模纳税人通常是按季申报的，但每月需要自动抄报税，再按季度进行网上申报。网上申报成功并通过税银联网实时扣缴税款。

小规模纳税人必填的网上申报表为《增值税纳税申报表（小规模纳税人适用）》，选填的网上申报表包括《增值税纳税申报表（小规模纳税人适用）附列资料》和《增值税减免税申报明细表》。前者由销售服务有扣除项目的纳税人填写，其他小规模纳税人不填报；后者为增值税一般纳税人和增值税小规模纳税人共用表，享有增值税减免税优惠的增值税小规模纳税人需填写本表。另外，发生增值税税控系统专用设备费用、技术维护费用及购置税控收款机费用的增值税小规模纳税人，同样需要填写本表。

第三节　网上申报注意事项

一、增值税一般纳税人

增值税一般纳税人网上申报的注意事项如下所述。

（1）需填写不动产分期抵扣计算表的，在第五列“本期转出的待抵扣不动产进项税额”增加监控要大于等于零，不得填写负数。

（2）增值税进项发票当月认证，当月抵扣，此当月指的是所属期。

（3）一些减免税项目必须向主管税务机关备案后方可填写。

（4）开具增值税专用发票（含税控机动车销售统一发票）的，需将相应开票收入填入《增值税纳税人申报表附列资料（一）》第一列至第二列“开具增值税专用发票”当中；开具非增值税专用发票的，需将相应开票收入填入《增值税纳税人申报表附列资料（一）》第三列至第四列“开具其他发票”当中；一般纳税人取得的不开票收入，需如实进行申报，将相应收入填入《增值税纳税人申报表附列资料（一）》第五列至第六列“未开具发票收入”当中。

（5）网上申报时发现比对不符的要及时查明原因，切不可自行调整申报的申报数据进行申报。

二、增值税小规模纳税人

增值税小规模纳税人网上申报的注意事项如下所述。

（1）享受小微政策，可以直接将收入填写在第九行以下，第一行至第八行不填写数据。

（2）货物与劳务列与服务、不动产和无形资产列分别填写对应的收入，填报列有错误会影响税款的属性。

（3）自开增值税专用发票的小规模纳税人应当将当期开具专用发票的销

售额，按照 3% 和 5% 的征收率分别填写在《增值税纳税人申报表》（小规模纳税人适用）第二栏和第五栏“税务机关代开的增值税专用发票不含税销售额”的“本期数”相应栏次中。

税务实操管理

第四章

增值税实操管理

第一节　增值税改革及发票管理新规定

作为我国税收的第一大税种，增值税征收规定的变化，对纳税人有着重要影响。2018 年、2019 年，政府宣布推出一系列举措深化增值税改革，这些举措不仅减轻了中小微企业的税务压力，同时也激活了民间经济的活力，是一项有利于全社会的重要改革举措。

据国家税务总局数据统计，自 2018 年 5 月 1 日起开始实施深化增值税改革的三项措施后，在 5 月到 10 月之间累积减税 2980 亿元。一系列税收优惠政策相互组合，促进减税效果叠加，极大促进了我国经济的平稳增长。

2018 年、2019 年的增值税改革主要围绕三个方面展开。

第一个方面，适当降低增值税税率。其中，制造业等行业的增值税税率从 17% 下降到 16%，而交通运输、建筑和基础电信服务等行业及农产品等货物的增值税税率则从 11% 下降到 10%；原有的 13% 这一档税率取消，原税率在 13% 的一律修改为 10% 或以下。自 2019 年 4 月 1 日起，将制造业等行业现行 16% 的税率降至 13%，将交通运输业、建筑业等行业现行 10% 的税率降至 9%，确保主要行业税负明显降低；保持 6% 一档的税率不变，但通过采取对生产、生活性服务业增加税收抵扣等配套措施，确保所有行业只减不增。

第二个方面，统一增值税小规模纳税人标准。在此前的增值税政策体系中，生产性企业年销售额超过 50 万元，销售性企业年销售额超过 80 万元，

税务人员说：国家税务总局决定，自 2019 年 3 月 1 日起，将租赁和商务服务业，科学研究和技术服务业，居民服务、修理和其他服务业等 3 个行业纳入试点范围。试点纳税人可以选择使用增值税发票管理系统自行开具增值税专用发票，或者向税务机关申请代开。选择自行开具增值税专用发票的小规模纳税人，税务机关不再为其代开。

一律提升为一般纳税人。但是，在改革后，小规模纳税人转为一般纳税人的标准统一提高到了年营业额500万元。

第三个方面，符合条件的企业可退换留抵税额。在2018年增值税改革后，对于装备制造等先进制造业、研发等现代服务业和电网企业，在一定时期内未抵扣完的进项税额，给予一次性退还。

深化增值税改革以实体经济为重点，对推进企业转型升级和加快发展提供了有力支持。对于降低企业税负，改善市场预期，激发了企业投资的积极性和持续发展的动力。

除了围绕增值税征收进行改革，2018年2月，党的十九届三中全会审议通过《中共中央关于深化党和国家机构改革的决定》和《深化党和国家机构改革方案》。在2018年3月的第十三届全国人大常委会第一次会议上，又审议通过了《国务院机构改革方案》，决定将省级和省级以下国税、地税机构合并，具体承担所辖区域内税收和非税收入征管等职责。自此，国税、地税征管体制改革的大幕全面拉开。

为了保障国税、地税征管体制改革工作的顺利进行，确保改革前后增值税电子普通发票有序衔接、平稳过渡，国家税务总局对增值税电子普通发票使用的相关事项，进行了公告说明。

增值税电子普通发票在使用时，出现了一些新的变化。

首先，在新税务机构挂牌后，国家税务总局各省、自治区、直辖市和计划单列市税务局将启用新的发票监制章；同时，增值税电子普通发票（含收费公路通行费增值税电子普通发票）版式文件上的发票监制章，也要相应修改为各省（区、市）税务局新启用的发票监制章。

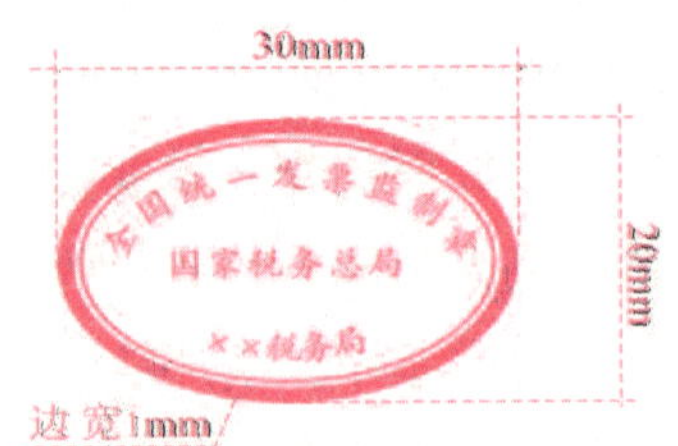

新启用的发票监制章为椭圆形，长轴为3厘米，短轴为2厘米，边宽0.1厘米。内环加刻一细线，上环刻制“全国统一发票监制章”字样，中间刻制“国家税务总局”字样，下环刻制“××省（区、市）税务局”字样，如“河北省税务局”“江西省税务局”“上海市税务局”等。字体采用楷体7磅字，印色为大红色。

其次，纳税人自建的电子发票服务平台和第三方电子发票服务平台，应在 2018 年 12 月 31 日前完成升级工作。

在电子发票服务平台完成升级后，生成的增值税电子普通发票版式文件使用各省（区、市）税务局新启用的发票监制章。在升级完成之前，生成的增值税电子普通发票版式文件可以继续使用原各省、自治区、直辖市和计划单列市国家税务局的发票监制章。

也就是说，在 2019 年 1 月 1 日之后，生成的增值税电子普通发票版式文件必须使用各省（区、市）税务局新启用的发票监制章。这是 2019 年增值税发票的一个新变化，也是纳税人必须要注意的一点。

第二节　增值税的基本知识

一、增值税的概念及发展

增值税是一种流转税，当商品或劳务从一家企业转移到另一家企业之中时，这个过程中所产生的增值部分需要缴纳相应的税额。

确切来说，增值税是对商品生产、流通和劳务服务中多个环节新增的价值或商品附加值征收的一种流转税。卖东西需要缴税，加工劳务需要缴税，进口货物也需要缴税，基本上涉及“经营活动”就需要缴纳一定的增值税。当然，存在增值的情况才缴税，不存在增值的情况就不需要缴税。

在实际的生产流通过程中，商品新增价值和附加值是很难精确计算的，这种情况就会导致增值税的计算无法进行。为此，我国也采取了国际上普遍应用的税款抵扣方法，确定商品和劳务的销售额，根据相应的税率计算出销售税额，然后再扣除掉取得该商品或劳务时付出的增值税款，最终的差额就是增值部分需要缴纳的税额。

增值税这一概念，最早是由美国耶鲁大学经济学教授亚当斯在 1917 年美国国家税务学会《营业税》报告中提出的。到了 1954 年，时任法国税务局局长助理的莫里斯·洛雷在法国制定并实施了增值税制，取得了一定的成功。由于增值税可以避免重复征税这一特性，这一税制开始被许多国家所接受。

我国在 1979 年引进并开始试行增值税。由于增值税核算相对复杂，以及当时国内税收管理体制并不健全，所以，最初的增值税是在产品税的基础上进行试点的。最初的中国的增值税更多是一种对产品税的改良，试点的范围并不大。

到了 1984 年，在试点的基础上，国务院发布了《中华人民共和国增值税条例（草案）》，自 1984 年 10 月 1 日试行。这是我国正式确定实行增值税制度的标志，但当时与增值税共存的还有产品税和营业税。

1993 年，《中华人民共和国增值税暂行条例》公布。按照《中华人民共和国增值税暂行条例》的规定，在中华人民共和国境内销售货物或者提供加工、修理修配劳务以及进口货物的单位和个人为增值税的纳税义务人，自 1994 年 1 月 1 日起施行。自此，产品税退出了中国税制的历史舞台，增值税和营业税共存的格局逐渐形成。当时，增值税所采用的主要是生产型增值税。

从 2004 年 7 月 1 日开始，我国开始逐步推行消费型增值税，在东北三省首先进行增值税转型试点。

2007 年 7 月 1 日出台的《财政部　国家税务总局关于印发〈中部地区扩大增值税抵扣范围暂行办法〉的通知》（财税〔2007〕75 号），对中部地区实行固定资产进项税额一次性全部予以扣除。

2008 年 8 月 1 日出台的《财政部　国家税务总局关于印发〈汶川地震受灾严重地区扩大增值税抵扣范围暂行办法〉的通知》（财税〔2008〕108 号），对汶川地震受灾严重地区，实行固定资产进项税额一次性全部予以扣除。

到了 2008 年 12 月 19 日，财政部和国家税务总局发布《关于全国实施增值税转型改革若干问题的通知》（财税〔2008〕170 号），增值税转型开始在全国范围内实施。

2011 年 11 月 16 日，财政部和国家税务总局发布《关于印发〈营业税改征增值税试点方案〉的通知》（财税〔2011〕110 号），同时印发《交通运输业和部分现代服务业营业税改征增值税试点实施办法》等规定，明确从 2012 年 1 月 1 日起，在上海交通运输业和部分现代服务业开展营业税改征增值税试点。

2012 年 7 月 31 日，财政部和国家税务总局又联合印发《关于在北京等 8 省市开展交通运输业和部分现代服务业营业税改征增值税试点的通知》（财税

〔2012〕71号），将交通运输业和部分现代服务业的“营改增”试点范围扩大到北京等8个地区。

到了2013年8月1日，交通运输业和部分现代服务业的“营改增”试点开始在全国范围内实行。而在12月12日，财政部和国家税务总局又联合印发《关于将铁路运输和邮政业纳入营业税改征增值税试点的通知》（财税〔2013〕106号），明确：从2014年1月1日起在全国范围内开展铁路运输和邮政业的“营改增”试点。

在交通运输也业全部纳入“营改增”范围之后，在2014年6月1日，电信业也正式纳入“营改增”试点范围。2016年5月1日，国务院决定将“营改增”试点范围进一步扩大，建筑业、房地产业、金融业、生活服务业都被纳入“营改增”试点范围之中。同时，所有企业新增不动产所含的增值税，也被纳入抵扣范围。至此，所有营业税所涉及的行业，全部完成了“营改增”转变。也就是说，营业税与增值税并存的局面被打破，营业税也随着产品税一起退出了中国税制的历史舞台。

随着中国经济的进一步发展，“营改增”是必须要解决的问题。由于性质上的不同，在营业税与增值税并存时期，营业税纳税人所取得的增值税应税货物或服务无法进行抵扣，增值税纳税人所取得的营业税项目也同样不能抵扣。这样一来，就会出现重复征税的问题。

为了进一步优化产业结构，促进市场经济的发展，“营改增”就被提上了日程。而在“营改增”之后，国家有关部门又开展了深化增值税改革的方案和举措，进一步优化了增值税的征收管理，在降低税负的同时，促进了企业投资的积极性。

二、增值税类型及优势分析

根据对外购固定资产所含税金扣除方式的不同，增值税可以分为生产型增值税、收入型增值税和消费型增值税三种。

（一）生产型增值税

所谓生产型增值税是指在征收增值税时，只能扣除属于非固定资产项目的那部分生产资料的税款，而不能扣除固定资产价值中所包含的税款。也就是说，在计算税基的时候，从生产经营者在某一时间段内的产品销售或劳务服务收入中减去这一时间段内的进货成本。

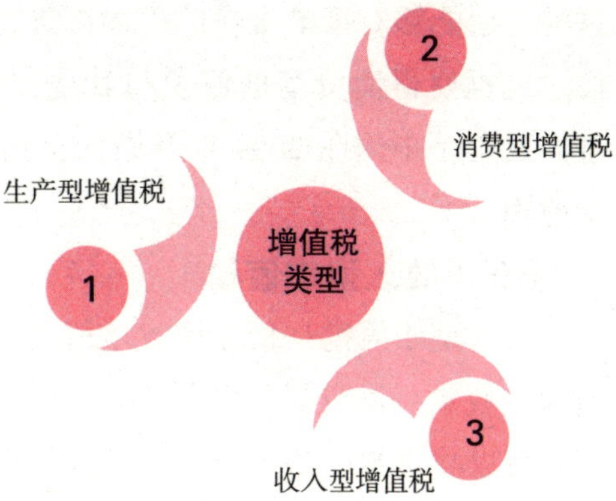

一般来说，某一国家在一段时间内增值税税基应该等于这个国家在这段时间中最终商品和劳务的总和，如果按照一年来计算，这一结果就是国民生产总值。因此，这种增值税类型也被称为总产值型增值税。

增值税类型
1 生产型增值税
2 消费型增值税
3 收入型增值税

从上面的论述可以看出，这种类型的增值税，税基的范围已经超过了增值额概念的范围。也就是说，其将固定资产转移的价值又当作新的价值来进行征税。此外，由于纳税人外购商品或劳务部分已经缴纳的税额不能抵扣，这部分税额就会变成资本，成为固定资产价值的一个部分，进而又会转移到货物价值之中。这样一来，货物的销项税额中就会包含一部分购进环节的增值税。如此一来，货物流转的次数越多，对于已征收税款的重复征税情况就会越严重。因此，这种增值税由于对固定资产存在重复征税的情况，并不利于企业进行市场投资。但是，从另一种层面来看，这种类型的增值税无疑能够很好地保证财政收入的增加。

在 1994 年到 2008 年间，我国主要采用这种类型的增值税，这与当时国内的税收制度和经济现状有很大关系。自 2004 年 7 月 1 日起，我国开始逐步推行消费型增值税，并在 2009 年 1 月 1 日起在全国范围内开始施行消费型增值税。

（二）消费型增值税

消费型增值税是指在征收增值税时，可以将固定资产价值中所包含的税款全部一次性扣除。这样一来，生产资料就会被排除在征税范围之外。简单来说，就是将资本设备的支出在购入设备之时，从同一时间段内的产品销售或劳务服务收入中扣除。这种类型的增值税将消费资料的价值部分作为增值税的征税依据，国民所得用于储蓄和投资的部分则并不计入征税范围之中，所以，被称为消费型增值税。

在应用这种类型的增值税时，固定资产购进当期，会使增值税的税基小于理论上的增值税。在这种情况下，非常适合采用规范的发票扣税法，由于这种方法能够对每笔交易的税额都进行计算，相较其他方法具有很高的优越性。这也使得消费型增值税与其他类型增值税相比，也更为规范、更为先进。这也是中国在2009年开始在全国所有地区实施消费型增值税的一个重要原因。

（三）收入型增值税

收入型增值税是指在征收增值税时，只允许扣除掉固定资产折旧部分所包含的税款，没有提及的折旧部分不能计入扣除项目金额之中。简单来说，就是可以将资本设备当期应该计提的折旧从这一时间段内容的销售或劳务收入中减去。这种类型的增值税税基为国民生产总值减去当期资本损耗后的剩余款项，也就是国民生产净值，所以，也被称为净产值型增值税。同时，其税基也相当于纳税人工资、利息、租金和利润之和，从整个国民经济角度来说，相当于国民收入的部分。因此，这种类型的增值税也被称为收入型增值税。从理论上来讲，这种类型增值税的税基与增值额概念的范围一致，可以说是一种较为标准的增值税。

从上面三种不同类型的增值税比较中可以看出，消费型增值税是主流的税制。在具体应用时，这三种类型的增值税各有其适用范围和优缺点，不同国家会根据其自身国内经济状况和财政状况选择合适的类型。中国就曾应用过生产型增值税和消费型增值税。

三、增值税纳税人

增值税的纳税人是在中华人民共和国境内销售货物或提供加工、修配劳务以进口货物的单位和个人。其中的单位是指企业、行政单位、事业单位、军事单位、社会团体或其他单位，而个人则是指个体的工商户和其他个人。

按照经营规模的大小，以及会计核算是否健全等标准，增值税的纳税人又可以分为一般纳税人和小规模纳税人。

小规模纳税人是指年销售额在规定标准以下，并且会计核算不健全，不能够按照相关规定报送有关税务资料的增值税纳税人。这里面所说的“会计核算不健全”，主要是指不能正确核算增值税的销项税额、进项税额和应缴纳税额。

一般纳税人则是指年应征增值税销售额超过财政部规定的小规模纳税人标准的企业和企业性单位。

小规模纳税人如果会计核算健全，并能够提供准确的税务资料，可以向主管税务机关申请一般纳税人资格认定。

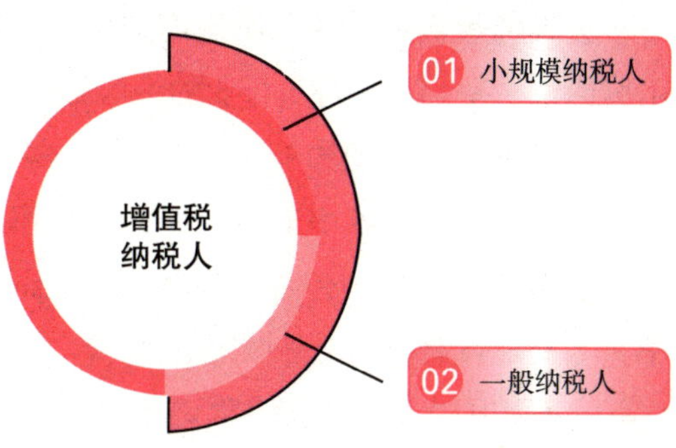

2018 年 4 月 4 日，财政部和国家税务总局联合印发《关于统一增值税小规模纳税人标准的通知》。其中提到，增值税小规模纳税人标准为年应征增值税销售额 500 万元及以下。同时，按照《中华人民共和国增值税暂行条例实施细则》第二十八条规定，已经登记为增值税一般纳税人的单位和个人，在 2018 年 12 月 31 日之前可以转登记为小规模纳税人。

上面提到的年销售额 500 万元是指按连续 12 个月的销售总额流动计算的。举例来说，一家企业在去年 5 月到今年 4 月，这 12 个月中的总销售额为 450 万元，那这家企业就可以继续保持小规模纳税人。如果这家企业在去年 6 月到今年 5 月，这 12 个月的总销售额达到了 510 万元，那么，这家企业应该登记为一般纳税人。

除了在认定标准上存在区别，这两种增值税纳税人还存在其他几个方面的区别，如下所述。

1. 计税方法

小规模纳税人采用简易计税方法，而一般纳税人则采用一般计税方法。当然，也有一些特定行业的一般纳税人可以适用简易计税法，比如提供建筑服务的企业等。简易计税法所针对的是企业的营业额征税，而一般计税法则针对企业的利润征税。

在计算公式上，一般计税法的计算公式为：应缴纳税额 =（当期销项 – 当期进项）× 增值税税率。而简易计税法的计算公式为：应纳税额 = 当期销售额 × 增值税征收率。

从上述两种公式也可以看出，一般计税法中的“当期销项 – 当期进项”

就是企业当期的利润，所以，某种意义上这种计算方法可视作对企业利润进行征税的。另外，在上述公式中，一般计税法所乘的是增值税税率，而简易计税法所乘的则是增值税征收率，这也是两种计税方法的一大区别。

2. 增值税税率与增值税征收率

在具体税额计算中，小规模纳税人适用增值税征收率，一般纳税人则适用增值税税率，一些特定行业的一般纳税人也可以适用增值税征收率。

在税率上，增值税有13%、9%、6%三个税率，以及5%、3%两个征收率。可以看到，征收率的百分比要比税率百分比小一些，主要因为征收率所对应的企业营业额中包含利润的成分；而增值税之所以会设置有多个不同税率，主要是针对不同商品而定的。

一般纳税人在销售劳务时，税率是13%，销售图书时的税率是9%，提供增值电信服务的税率是6%。而小规模纳税人在销售劳务、图书和提供电信服务时的征收率都是3%。

3. 纳税申报周期

除了计税方法和增值税税率不同外，小规模纳税人和一般纳税人在纳税申报周期上也有所不同。小规模纳税人的纳税申报一般是按季度申报，而一般纳税人的申报则是按月。当然，一些小规模纳税人也可以申请按月进行纳税申报。

相比于小规模纳税人，一般纳税人的会计核算水平要更为健全，所以，一般纳税人每个月都需要进行增值税纳税申报。小规模纳税人只需要在每年的1月初、4月初、7月初、10月初进行四次纳税申报即可。对于那些会计核算水平较高的小规模纳税人，也可以申请按月进行纳税申报。

4. 增值税专用发票

在增值税发票上，一般纳税人可以开具和取得增值税专用发票，而小规模纳税人不能取得增值税专用发票。如果小规模纳税人需要开具增值税专用发票，就只能请税务局代开。从2018年2月1日起，月销售额超过3万元的工业以及信息传输、软件和信息技术服务业的小规模纳税人，可以选择自行开具增值税专用发票。

需要指出的是：并不是说小规模纳税人不可以开具增值税专用发票，只是与一般纳税人相比，小规模纳税人不能自行开具增值税专用发票，而需要

请税务局代开。

在增值税专用发票取得方面，一般纳税人在取得增值税专用发票后，可以抵扣进项税额。小规模纳税人即使取得增值税专用发票，也不能进行抵扣。在大多数情况下，小规模纳税人也很难取得增值税专用发票。一些企业在给别人开具增值税专用发票时，会要求对方出示一般纳税人的证明材料。

需要注意的是：在一些行业中，小规模纳税人和一般纳税人之间的区别也并非这样严格，在一些特别行业中也会存在一些例外的情况。这一点，纳税人要稍加注意。

第三节　增值税的税率及计算

一、增值税的征收范围及税率

前面提到，基本上涉及“经营活动”就需要缴纳一定的增值税。这种笼统的说法并不利于理解增值税的征收范围，具体来说，增值税的征收范围包括一般范围和特殊范围的区分。

增值税征收的一般范围是指增值税一般规定所限定范围中的征收对象。增值税征收的特殊范围则主要指除一般范围内商品或劳务之外的特殊商业行为。正如表格中所展示的一样，不同征收范围所对应的具体征收项目是不同的。但这些范围基本上可以囊括我们经济生活的每个环节。

征税范围	具体项目
一般规定范围	销售或进口的货物 提供的加工、修理修配劳务 销售不动产 销售无形资产
特殊规定范围	视同销售行为 混业经营行为

对于纳税人来说，了解自己属于哪种增值税的征收范围，才能更好地进行纳税活动。

在征税范围之外，纳税人还需要了解增值税的税率问题。在我国税法中，对于不同行业及不同商品和服务所征收的增值税税率也是有所不同的。随着我国经济的发展，产业结构不断调整，近年来，我国的增值税税率也发生了较大变动。

2018 年 4 月 4 日，财政部和国家税务总局下发《关于调整增值税税率的通知》(财税〔2018〕32 号，以下简称《通知》)，指出：纳税人发生增值税应税销售行为或者进口货物，原适用 17% 和 11% 税率的，分别调整为 16% 和 10% 税率。此外，《通知》还规定，纳税人在购进农产品时所适用的扣除率从原来的 11% 下降到 10%；纳税人购进用于生产销售或委托加工 16% 税率货物的农产品，按照 12% 的扣除率计算进项税额。此《通知》自 2018 年 5 月 1 日开始实行，也就是说现在 17% 的税率已经不复存在了。可以看出，此次增值税税率调整是通过减税手段来减轻企业负担，为企业提供更多助力。

增值税征收范围 / 增值税税率 / 时间	一般性生产销售、服务、租赁	能源、文化、农业等	交通运输	现代服务	小规模纳税人
2017年税改前	17%	13%	11%	6%	3%
2017年税改—2018年税改	17%	11%	11%	6%	3%
2018年税改后	16%	10%	10%	6%	年应征增值税销售额 500 万元及以下
2019年税改后	13%	9%	9%	6%	

2019 年 3 月 20 日，财政部、税务总局、海关总署发布《关于深化增值税改革有关政策的公告》。该公告规定，增值税一般纳税人发生增值税应税销售行为或者进出口货物，原适用 16% 税率的，税率调整为 13%；原适用 10% 税率的，税率调整为 9%。除了降低增值税税率外，政府还对很多行业在增值税征收方面做出了减免规定。

二、增值税的减免规定

在《中华人民共和国增值税暂行条例》中，第十五条规定了一些特定项目免征增值税。这些项目包括：农业生产者销售的自产农产品，避孕药品和用具，古旧图书，直接用于科学研究、科学试验和教学的进口仪器、设备，外国政府、国际组织无偿援助的进口物资和设备，由残疾人的组织直接进口供残疾人专用的物品，以及销售的自己使用过的物品等。

除了对这些免税项目外，国务院还规定了一些其他的增值税的免税和减税项目。除了对这些具体的类目进行增值税减免外，政府还根据企业规模做出了一些增值税的减免规定。

经国务院批准，从 2013 年 8 月 1 日起，对增值税小规模纳税人中月销售额不超过 2 万元的企业或非企业性单位，暂免征收增值税。对营业税纳税人中月营业额不超过 2 万元的企业或非企业性单位，暂免征收营业税。

到了 2014 年,《关于进一步支持小微企业增值税和营业税政策的通知》（财税〔2014〕71 号）和《关于小微企业免征增值税和营业税有关问题的公告》（国家税务总局公告 2014 年第 57 号）两个文件相继发布，对小微企业增值税和营业税减免做出了进一步规定。

2016 年 4 月 19 日，国家税务总局下发《关于全面推开营业税改征增值税试点有关税收征收管理事项的公告》，其中规定，增值税小规模纳税人销售货物，提供加工、修理修配劳务月销售额不超过 3 万元（按季纳税 9 万元），销售服务、无形资产月销售额不超过 3 万元（按季纳税 9 万元）的，自 2016 年 5 月 1 日起至 2017 年 12 月 31 日，可分别享受小微企业暂免征收增值税优惠政策。

2017 年 10 月 20 日，财政部和国家税务总局下发《关于延续小微企业增值税政策的通知》规定，自 2018 年 1 月 1 日至 2020 年 12 月 31 日，继续对月销售额 2 万元（含本数）至 3 万元的增值税小规模纳税人，免征增值税。

从一系列增值税减免规定的出台可以看出，政府始终在大力扶植中小微企业发展。

2018 年 9 月 5 日，财政部和国家税务总局下发《关于金融机构小微企业贷款利息收入免征增值税政策的通知》（财税〔2018〕91 号）规定，自 2018 年 9 月 1 日至 2020 年 12 月 31 日，对金融机构向小型企业、微型企业和个体工商户发放小额贷款取得的利息收入免征增值税。

相比于规模较大的企业，中小微企业在发展过程中遇到的困难本就很多，伴随着增值税减免政策的延续，中小微企业可以借此来加快自己的发展步伐。

三、应交增值税的计算

所谓应交增值税，就是指小规模纳税人和一般纳税人在销售货物或提供加工修配劳务时，本期应该缴纳的增值税。

当每一个纳税期中，纳税人发生销售或劳务行为，纳税人都需要依据税务局的要求进行纳税申报。在计算应交增值税税额时，需要区分一般纳税人和小规模纳税人。

当纳税人为小规模纳税人时，应交增值税税额 = 销售金额（不含税）× 税率。小规模纳税人一般的征收率都是 3%，而且不存在销项税额，所以在进行纳税申报时，只要计算出不含税的销售额就可以了。但是，一般纳税人在计算应交增值税税额时，则要更为复杂一些。

当纳税人为一般纳税人时，应交增值税税额 = 销项税额 − 已认证进项税额 − 上期留抵税额。在这里，一般纳税人销售货物或者应税劳务，采用销售额和销项税额合并定价方法的，销售额的计算公式为：销售额 = 含税销售额 ÷（1+ 税率）。而销项税额的计算公式则为：销项税额 = 销售额 × 税率。

进项税额是指购进货物或应税劳务取得的增值税税额，其计算公式为：进项税额 = 含税购买金额 ÷（1+ 税率）× 税率。

因此，根据进项发票认证通知单上的抵扣金额，可以计算出应缴纳增值税税额。如果结果是正数，那此结果就是本期应缴纳的增值税税额。如果结果为负数，说明存在留抵税额，不应交税，而留抵税额可以在下期纳税申报时进行抵扣。

第四节　增值税发票介绍

一、增值税发票概述

发票是在购销商品、提供或者接受服务及从事其他经营活动中，开具或收取的一种收付款凭证。当前，增值税发票主要包括增值税普通发票和增值税专用发票两大类别。

对于企业来说，发票是企业做账的依据，也是缴税的一种费用凭证。下面主要来介绍一下与增值税有关的发票。

增值税普通发票由基本联次或者基本联次附加其他联次构成。其中，基本联次为二联，分别为发票联和记账联。增值税专用发票同样由基本联次或者基本联次附加其他联次构成，但基本联次为三联，分别是记账联、抵扣联和发票联。

此外，增值税普通发票除了二联外，还有五联的类型。其中，第一联为记账联，第二联为发票联，第三联、第四联、第五联为副联。而增值税专用发票除了三联外，还有一种六联的类型，其中的第四联、第五联、第六联为副联。

增值税专用发票的发票联，主要是买方核算采购成本和增值税进项税额的一种记账凭证。抵扣联则是买方报送主管税务机关认证和留存备查的

> 税务人员说：2019年2月3日，国家税务总局发布《关于调整增值税专用发票防伪措施有关事项的公告》（国家税务总局公告2019年第9号），依据该公告，取消光角变色圆环纤维、造纸防伪线等防伪措施，继续保留防伪油墨颜色擦可变、专用异型号码、复合信息防伪等防伪措施。

凭证。记账联则是销售方用来核算销售收入及作为增值税销项税额的一种记账凭证。

增值税专用发票不同于增值税普通发票，其不仅是一种商事凭证，还是一种完税凭证。增值税专用发票将一个产品从生产到消费的各个环节串联起来，更好地体现了增值税的作用。

在开具增值税发票时，发票抬头要和企业名称的全称保持一致。此外，增值税发票必须要有税号，那些不符合规定的发票将不能作为税务凭证。

二、增值税普通发票与专用发票的区别

随着“营改增”试点的完成，越来越多纳税人拿到了增值税发票。增值税普通发票和增值税专用发票存在着较大的区别，这也使得它们在具体应用时存在着诸多不同。下面，我们就来简单介绍一下。

（一）发票印制要求不同

增值税专用发票主要由国务院税务主管部门指定的企业印制；而增值税普通发票和其他发票则是按照国务院主管部门的规定，由省、自治区、直辖市税务局去指定企业进行印制。这是二者在印制要求方面的不同。

（二）发票开票主体不同

增值税专用发票只能由增值税一般纳税人申领并使用，如果小规模纳税人需要使用，则只能申请税务机关批准，然后由当地税务机关代开。而普通发票则可以由办理了税务登记的各种纳税人申领和使用，没有办理税务登记的纳税人则需要向税务机关申请领购和使用其他普通发票。

（三）发票内容不同

增值税专用发票除了具备购买单位、销售单位、商品或服务名称，商品或劳务的数量和计量单位外等普通发票都具备的内容外，还具备纳税人税务登记号、不含增值税金额、适用税率和应纳增值税额等内容。

（四）发票作用不同

相比于增值税普通发票，增值税专用发票不仅可以作为付款凭证，还可以作为购买方抵扣进项税额的凭证。除了税法所规定的特殊情况外，增值税普通发票则并不具有抵扣税款的作用。

第五节　新规下增值税计算实例

一、小规模纳税人增值税的计算案例

根据财政部和税务总局发布的《关于实施小微企业普惠性税收减免政策的通知》（财税〔2019〕13 号）的规定，小规模纳税人发生增值税应税销售行为，合计月销售额未超过 10 万元（以 1 个季度为 1 个纳税期的，季度销售额未超过 30 万元）的，免征增值税。小规模纳税人发生增值税应税销售行为，合计月销售额超过 10 万元，但扣除本期发生的销售不动产的销售额后未超过 10 万元的，其销售货物、劳务、服务、无形资产取得的销售额免征增值税。

按固定期限纳税的小规模纳税人可以选择 1 个月或者 1 个季度为纳税期限。不过，确定之后，一个会计年度内不能再变更。如果小规模纳税人每月开票比较平均，能够控制在 10 万元以下，那就选择 1 个月为纳税期限，这样一年可以省去不少增值税的；如果小规模纳税人只是偶尔会集中开 30 万元以下的票据，那么可以申请 1 个季度为纳税期限，一个季度只要不超过 30 万元，也还是不用交增值税的。

如果小规模纳税人在 2019 年 1 月份销售额未超过 10 万元（以 1 个季度为 1 个纳税期的，2019 年第一季度销售额未超过 30 万元），但因代开增值税专用发票已经把税款缴纳了，那么可以在办理纳税申报时向主管税务机关申请退还。

例如：某小规模纳税人在 2019 年 1 月份自行开具普通发票价税合计 6.18 万元；2 月份到税务机关代开增值税专用发票，不含税金额为 10 万元，预缴税款 0.3 万元；3 月份销售网络游戏虚拟道具，取得收入 5.15 万元，对方没有要发票。如果该纳税人选择了一个季度为纳税期限，则 2019 年第一季度的销售收入如下所述。

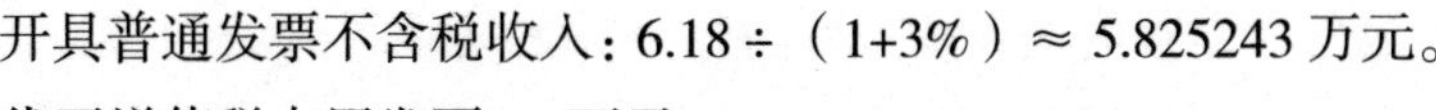

开具普通发票不含税收入：6.18÷（1+3%）≈ 5.825243 万元。

代开增值税专用发票 10 万元。

取得无票收入：5.15÷（1+3%）=5 万元。

该纳税人第一季度收入合计不到 21 万元，没有到达 30 万元，所以，不用再补缴税款了；对于代开增值税专用发票已经缴纳的税款，在增值税专用发票全部联次追回或者按规定开具红字专用发票后，可以向主管税务机关申请退还。

不过，根据《关于增值税小规模纳税人地方税种和相关附加减征政策有关征管问题的公告》的规定：增值税小规模纳税人按规定登记为一般纳税人的，自一般纳税人生效之日起不再适用减征优惠；增值税年应税销售额超过小规模纳税人标准的应当登记为一般纳税人而未登记，经税务机关通知，逾期仍不办理登记的自逾期次月起不再适用减征优惠。

二、一般纳税人增值税的计算案例

2019 年，如果一般纳税人的月销售额不足 10 万元，是不能享受增值税减免的优惠政策的。不过，一般纳税人企业如果转登记日前连续 12 个月（以 1 个月为 1 个纳税期），或者连续 4 个季度（以 1 个季度为 1 个纳税期）累计销售额未超过 500 万元的，在 2019 年 12 月 31 日前可选择转登记为小规模纳税人，自成为小规模纳税人当月起适用于减征优惠。

例如：A 企业为一般纳税人，2019 年 1 月从同样是一般纳税人的 B 企业购进一批货物，价税合计是 116 万元；又从小规模纳税人 C 企业那里购进另一种货物，取得了 3% 增值税专用发票，价税合计为 103 万元。A 企业对这两种货物进行加工后，以 150 万元（不含税价）卖给了小规模纳税人 D 企业，以 200 万元（不含税价）卖给了一般纳税人 E 企业，A 企业还有 2018 年留抵税额 3 万元。假设 A 企业 1 月份没有取得其他的进项发票，那么，2019 年 1 月份 A 企业需要缴纳增值税为多少？

A 企业 2019 年 1 月份的进项税额如下所述。

从 B 企业取得进项税：116÷（1+16%）×16%=16 万元。

从 C 企业取得进项税：103÷（1+3%）×3%=3 万元。

2018 年留底进项税额 3 万元。

所以，1 月份 A 企业的进项税额为：16+3+3=22 万元。

A 企业 2019 年 1 月份的销项税额为：（150+200）×16%=56 万元。

A 企业 2019 年 1 月份应交增值税为：56–22=34 万元。

第五章

消费税实操管理

第一节　消费税改革展望

2018 年是中国税制改革的重要一年。消费税也在税目税率、征收环节和发票管理等方面得到进一步完善和改进，消费税管理也得到进一步加强。

近几年来，对于消费税的改革举措，始终在持续推进。在具体政策方面，在税目上取消了酒精、汽车轮胎消费税，将化妆品税目更改为高档化妆品，取消对普通美容、装饰类化妆品征收消费税；除了对高能耗的电池和涂料开征消费税，对超豪华小汽车加征消费税外，对利用废弃动植物油生产纯生物柴油免征消费税，并提高成品油的税率。这一系列举措完善了消费税的征收管理机制，从 2011 年到 2017 年，消费税的收入总量一直在持续稳定增长。同时，由于消费税税目的调整，以及经济走势的变化，近三年来，消费税收入基本持平。

作为财税体制改革中的重要环节，消费税的改革方向被认定为“调整消费税征收范围、环节、税率，将高耗能、高污染产品及部分高档消费品纳入征收范围”。虽然整体的改革方案还没有出台，怎样扩大消费税征收范围，如何调整税率和征收环节等具体细节还未确定。但是，从当前中国经济形势的变化，我们可以大致看出未来消费税改革的方向和重点。

税务人员说：从 2017 年 11 月 1 日起，纳税人同时申请汇总缴纳增值税和消费税的，在汇总纳税申请资料中予以说明即可，不需要就增值税、消费税分别报送申请资料。

首先，消费税的税目和税率会不断变化，这一点主要是由中国的经济形势发展而决定的。在政策制定方面，在扩大消费税征税范围时，不仅需要增加一些奢侈品项目，如私人飞机、私人游艇等。同时，还可以将一些高端消费场所纳入征税范围中，比如夜总会、高档洗浴桑拿等。

其次，消费税的征税环节也会逐步完善。当前，我国消费税主要实行生产环节单环节征收，这样就会很容易出现偷逃税款的行为。比如，有些企业会设立独立核算的销售公司，在产品销售时，先以低价将产品卖给销售公司，然后，销售公司再按照正常价格对外销售，这样就会削弱消费税的收入调节作用。未来的消费税改革，将很有可能针对这些方面进行改革。

最后，消费税征管将会逐渐加强。一方面会继续提高征管效率；另一方面可能会参考增值税进项发票抵扣的方法，对连续生产应税消费品的消费税采用抵扣管理。同时，也可能会通过信息化管理，进一步完善消费税税种的核定、申报和减免举措。

新一轮的财税改革正在逐步推进，消费税改革将会与其他税制改革一样，不断推进、不断完善。

第二节　消费税的基本知识

一、消费税的概念及发展历史

消费税是以消费品的流转额作为征税对象的各种税收的统称，主要面向消费品征收，是一种典型的间接税。

消费税只在应税消费品的生产、委托加工和进口环节缴纳，在其他的批发和零售环节中，不必再次缴纳消费税。应税消费品在价款中已经包含了消费税，所以，消费税的税款其实还是由消费者承担的。

消费税是以特定消费品作为课税对象的一种税。在对大多数货物普遍征收增值税的基础上，再选择一部分消费品去征收消费税，其目的就是为了调节产品结构、引导消费方向、增加国家的财政收入。

我国在 1993 年发布了《中华人民共和国消费税暂行条例》，彼时消费税才开始以一个独立税种存在。其实，早在 1951 年，我国就已经开始征收消费行为税，此后也征收过一些具有消费税色彩的货物税，但真正独立开征消费税是在 1994 年。在当时的税目中，主要包含了十一大类的消费品，开征消费税作为一种宏观调控的经济手段，对于经济发展和结构调整起到了重要作用，也标志着我国税收体系逐渐规范和完善起来。

到了 2006 年，政府对消费税进行了一次较大规模的调整，其中突出了消费税在保护环境、节约资源和引导消费方面的作用。比如，在 2006 年新增了高尔夫球及球具、高档手表、实木地板和游艇等税目，同时还增加了成品油税目下的 5 个子税目，并取消了护肤品和护发品税目。

在 2008 年和 2009 年，我国首先提高了一部分大排量汽车的消费税税率，主要目的是为了促进节能减排、规范交通税费制度。此后，又在取消一部分交通税费的同时，大幅提高了成品油的税率。

除了上面提到的这些重大改革外，从1994年开征消费税至今，政府依然在根据经济社会发展的需要，不断调节消费税的征收范围和税率结构，其目的就是更好地引导居民消费、改善经济结构、保证财政收入。

从近十年来的数据来看，2009年燃油税费改革之前，消费税在全国税收总收入中基本占有4%到6%的比例。而在2009年取消了一些交通收费项目，并提高成品油消费税单位税额之后，消费税在全国税收中所占据的比重上升到8%。

《2018年深化经济体制改革重点工作的意见》指出，要调整消费税征收范围和税率，将那些严重污染环境、过度消耗资源的产品列入征税范围之中。这也将成为未来消费税改革的重点方向，而消费税也将进一步承担起促进节能减排、引导理性消费的职责。

二、消费税纳税人及征税范围

在《中华人民共和国消费税暂行条例》中规定，消费税的纳税人是在我国境内生产、委托加工、销售和进口本条例规定的应税消费品的单位和个人。

这里所说的生产应税消费品，在直接对外销售时需要征收消费税。同时，纳税人如果将生产的应税消费品换取生产资料、消费资料、偿还债务、投资入股，或用于继续生产应税消费品以外的其他方面，同样需要缴纳消费税。而委托加工应税消费品，由受托方提供原材料或其他情形的，按照自制产品来进行征税。如果委托加工的应税消费品加工完成后，再次用于生产应税消费品并进行销售的，其在加工环节缴纳的消费税可以扣除。

如果单位和个人进口的货物属于消费税征税范围之内，在进口环节上也需要缴纳消费税。零售应税消费品则仅限于金基、银基合金首饰以及金、银和金基、银基合金的镶嵌首饰。如果金银首饰和其他金银首饰作为成套消费品销售时，应该按照销售额全额来征收消费税。

从征税范围来看，消费税的征收范围较其他税种而言相对狭窄；同时，由于经济的发展以及国家政策的变化，消费税的税目也会随之变化，这也就导致了消费税征收范围出现变化。从当前的《中华人民共和国消费税暂行条例》及其他相关法规来看，目前的消费税税目主要包括烟、酒、化妆品等15

种商品。在这些商品税目之下，还进一步划分了若干子条目。这15个消费税条目主要有：烟，酒，高档化妆品，贵重首饰及珠宝玉石，鞭炮、焰火，成品油，小汽车，摩托车，高尔夫球及球具，高档手表，游艇，木质一次性筷子，实木地板，电池，涂料。

1. 烟

凡是以烟叶作为原料技工生产的产品，无论加入了何种辅料，都属于本条目的征收范围，其包括卷烟、雪茄烟和烟丝三个子条目。其中的“卷烟”条目又可以分为“甲类卷烟”和“乙类卷烟”。

2. 酒

酒精度数在1度以上的各种酒类饮料都属于本条目的征收范围，其包括白酒、黄酒、啤酒和其他酒共四个条目。其中，葡萄酒消费税适用“其他酒”子条目。

3. 高档化妆品

从2016年10月1日起，取消对普通美容、修饰类化妆品的消费税征收，同时将“化妆品”条目改为“高档化妆品”条目，其内容包括高档美容、修饰类化妆品、高档护肤类化妆品和成套化妆品。舞台、戏剧、影视演员所使用的上妆油、卸妆油和油彩不属于该类目增收范围。

4. 贵重首饰及珠宝玉石

主要包括以金、银、白金、宝石、珍珠、珊瑚、钻石、翡翠等高贵稀有物质，以及其他金属或人造宝石制作的各种纯金银首饰，以及镶嵌首饰和经过开采、加工过的各种珠宝玉石。其中，出国人员购买免税商店销售的金银首饰也需要征收消费税。

5. 鞭炮、焰火

主要包括各种鞭炮和焰火。在体育活动中使用的发令纸和鞭炮药引线不按照该税目征收消费税。

6. 成品油

成品油税目主要包括汽油、柴油、石脑油、溶剂油、航空煤油、润滑油、燃料油共七个子条目。其中，航空煤油的消费税暂缓征收；车用含铅汽油的消费税取消，并统一按照无铅汽油税率征收消费税。变压器油和导热类油等绝缘油类产品，因为不属于润滑油，所以，不征收消费税。

7. 小汽车

小汽车主要是指由动力驱动，具有4个或4个以上车轮的非轨道承载车辆。该税目征收范围主要包括乘用车、中轻型商用客车、超豪华小汽车三个子条目。其中，用排气量小于1.5升（含）的乘用车底盘（车架）改装、改制的车辆属于乘用车征收范围；而用排气量大于1.5升的乘用车底盘（车架）或用中轻型商用客车底盘（车架）改装、改制的车辆属于中轻型商用客车的征收范围。需要注意的是，电动汽车并不属于该税目的征收范围。同时，沙滩车、雪地车、卡丁车和高尔夫车并不属于消费税的征收范围，所以，不需要征收消费税。

8. 摩托车

摩托车主要包括轻便摩托车和摩托车两种。对于那些最大设计车速不超过50千米每小时、发动机气缸总工作容量不超过50毫升的三轮车，不征收消费税。气缸容量在250毫升以下的小排量摩托车，也不需要征收消费税。

9. 高尔夫球及球具

高尔夫球及球具是从事高尔夫球运动需要的各种专用装备，包括高尔夫球、高尔夫球杆和高尔夫球袋等。其中，高尔夫球杆的杆头、杆身和握把也属于该税目的征收范围。

10. 高档手表

高档手表主要是指销售价格在1万元（含）以上的各类手表，这里的销售价格不包含增值税，符合以上标准的各类手表都属于该税目的征收范围。

11. 游艇

游艇主要是指长度大于8米（含）小于90米（含），船体由玻璃钢、钢、铝合金和塑料等多种材料制作而成，可以在水面上移动的水上浮载体。可以分为无动力艇、帆艇和机动艇三类。

12. 木制一次性筷子

这种筷子是指以木材为原料，经过多种环节加工而成的各类供一次性使用的筷子。未经打磨、倒角的木制一次性筷子也属于该税目的征收范围。

13. 实木地板

主要是指以木材为原料，经过各种工序加工而成的块状或条状的地面装饰材料。根据生产工艺的不同，可以分为独板实木地板、实木指接地板、实

木复合地板三类。未经涂饰的素板也属于该税目的征收范围。

14. 电池

从 2015 年 2 月 1 日起，我国开始对电池征收消费税。其中，无汞原电池、金属氢化物镍蓄电池、锂原电池、锂离子蓄电池、太阳能电池、燃料电池和全钒液流电池免征消费税。从 2016 年 1 月 1 日起，对铅蓄电池征收 4% 的消费税。

15. 涂料

从 2015 年 2 月 1 日起，我国开始对涂料征收消费税。其中，施工状态下挥发性有机物含量低于 420 克每升（含）的涂料，可以免征消费税。

伴随着经济社会的不断发展，消费税的税目还会不断调整和变化。纳税人需要时刻关注自身所处行业的消费税税目及税率变化，及时调整生产和经营策略，更好地应对税目、税率变化给生产经营带来的各种影响。

第三节　消费税的税率及计算

一、消费税税率

从前文提到的消费税的征收范围可以看出，消费税的征收主要包括五大类产品。

第一，是一些过度消费会危害人类健康、社会秩序和生态环境的特殊消费品，如烟、酒、鞭炮、焰火、电池、涂料等。

第二，是一些奢侈品及非生活必需品，如贵重首饰和高档化妆品。

第三，是一些高能耗消费品和高档消费品，如摩托车和小汽车。

第四，是那些不可再生的及不可替代的消费品，如成品油、木制一次性筷子、实木地板。

第五，是那些具有一定财产意义的产品，如高档手表、高尔夫球及球具。

根据消费品税目的不同，具体对应的消费税税率也有所不同。

税目	税率
烟	
1. 卷烟	
甲类卷烟	56% 加 0.003 元 / 支（生产环节）
乙类卷烟	36% 加 0.003 元 / 支（生产环节）
批发环节	11% 加 0.005 元 / 支
2. 雪茄烟	36%
3. 烟丝	30%

续表

税目	税率
酒	
1. 白酒	20% 加 0.5 元 /500 克（或 500 毫升）
2. 黄酒	240 元 / 吨
3. 啤酒	
甲类啤酒	250 元 / 吨
乙类啤酒	220 元 / 吨
4. 其他酒	10%
高档化妆品	15%
贵重首饰及珠宝玉石	
1. 金银首饰、铂金首饰和钻石及钻石饰品	5%（零售环节纳税）
2. 其他贵重首饰和珠宝玉石	10%（生产、进口、委托加工提货环节纳税）
鞭炮、焰火	15%
成品油	
1. 汽油	1.52 元 / 升
2. 柴油	1.20 元 / 升
3. 航空煤油	1.20 元 / 升
4. 石脑油	1.52 元 / 升
5. 溶剂油	1.52 元 / 升
6. 润滑油	1.52 元 / 升
7. 燃料油	1.20 元 / 升

续表

税目	税率
小汽车	
1. 乘用车	
气缸容量在 1.0 升（含）以下	1%
气缸容量在 1.0 升以上至 1.5 升（含）	3%
气缸容量在 1.5 升以上至 2.0 升（含）	5%
气缸容量在 2.0 升以上至 2.5 升（含）	9%
气缸容量在 2.5 升以上至 3.0 升（含）	12%
气缸容量在 3.0 升以上至 4.0 升（含）	25%
气缸容量在 4.0 升以上	40%
2. 中轻型商用客车（含驾驶员座位在内的座位数≤ 23 座）	5%
摩托车	
1. 气缸容量在 250 毫升的	3%
2. 气缸容量在 250 毫升以上的	10%
高尔夫球及球具	10%
高档手表	20%
游艇	10%
木制一次性筷子	5%
实木地板	5%
电池	4%
涂料	4%

二、消费税的计算

消费税的征税对象是消费品的流转额，在具体税额计算时采用从价计税和从量计税两种计税方法。在这里，使用从价计税方法征税的应税消费品，其计税依据应该为应税消费品的销售额。采用从量计税方法征税的应税消费品，其计税依据通常是每单位应税消费品的重量、容积或是数量。

除了以上两种计税方法，消费税还针对一些特定的情况应用一些特殊的计税方法。下面，我们来详细介绍一下。

（一）从价计税方法

采用从价计税方法时，消费税应纳税额等于应税消费品的销售额与适用税率的乘积，其计算公式为：应纳税额 = 应税消费品销售额 × 适用税率。如在计算销售烟丝时的应纳消费税时，就是用烟丝的销售额乘以烟丝的当前消费税税率。

消费税计税方法

- 从价计税
- 从量计税
- 自产自用应税消费品消费税计算
- 委托加工的应税消费品消费税计算
- 进口应税消费品消费税计算
- 零售金银首饰消费税计算
- 其他情况消费税计算

（二）从量计税方法

采用从量计税方法时，消费税应纳税额等于应税消费品销售数量与适用税额标准的乘积，其计算公式为：应纳税额 = 应税消费品销售数量 × 适用税额标准。如在计算销售汽油时的应纳消费税时，就是用汽油的销售升数乘以当前每升汽油需要缴纳的消费税税额。

（三）自产自用应税消费品消费税计算

那些用于连续生产的应税消费品不需要缴纳消费税，但用于其他方面的应税消费品则需要缴纳一定的消费税。具体来说，如果有同类消费品销售价格的，需要按照生产的同类消费品销售价格来计算消费税。如果没有同类消费品销售价格的，要按照组成计税价格来计算消费税。因此，其应纳税额计算公式为：应纳税额 = 组成计税价格 × 适用税率。其中，组成计税价格计算公式为：组成计税价格 =（成本 + 利润）÷（1– 消费税税率）。

（四）委托加工的应税消费品消费税计算

委托加工应税消费品的消费税由受托方交货时代扣代缴。在计算消费税时，同样按照受托方的同类消费品销售价格来计算消费税。在没有同类型消费品销售价格时，按照组成计税价格来计算消费税。其中，组成计税价格的计算公式为：组成计税价格 =（材料成本 + 加工费）÷（1– 消费税税率）。

（五）进口应税消费品消费税计算

进口的应税消费品在计算消费税时，按照组成计税价格来计算。其计算公式为：组成计税价格 =（关税完税价格 + 关税）÷（1– 消费税税率）。

（六）零售金银首饰消费税计算

对于零售金银首饰的纳税人在计算消费税时，应该将含税的销售额换算成不含增值税税额的销售额，然后再去计算消费税。其中，金银首饰的应税销售额计算公式为：金银首饰的应税销售额 = 含增值税的销售额 ÷（1+ 增值税税率或征收率）。而组成计税价格的计算公式则为：组成计税价格 = 购进原价 ×（1+ 利润率）÷（1– 金银首饰消费税税率）。最终应纳税额的计算公式为：应纳税额 = 组成计税价格 × 金银首饰消费税税率。

（七）其他情况消费税计算

对于那些用于馈赠、赞助、广告、福利、集资、样品、奖励等方面及未分别核算销售的消费品，同样需要按照组成计税价格来计算消费税。根据具体消费品的不同，可以对照前面提及的方法来进行消费税计算。

第四节　消费税的免税、减税及退税规定

我国对消费税的免税、减税和退税规定，主要出现在《中华人民共和国消费税暂行条例》中。在《中华人民共和国消费税暂行条例》中，对于纳税人出口的应税消费品，除了国家限制的产品之外，都是免征消费税的。这之中，主要包括以下几个方面的内容。

（1）对于有出口经营权的生产企业自营出口的应税消费品，可以按照其实际出口的数量和金额来免征消费税。

（2）对于来料加工又出口的应税消费品，同样免征消费税。

（3）企业生产销售达到污染排放限值标准的小轿车、越野车和小客车，可以享受 30% 的消费税减免。

（4）外贸企业出口和代理出口的应税消费品，可以退还已经征收的消费税。

（5）还有一些国家特准退还、免征消费税的应税消费品，包括：对外承包工程公司运出境外用于对外承包项目的应税消费品；企业在国内采购再运出境外，作为在境外投资的应税消费品；对外承接修理、修配业务的企业，用于对外修理、修配业务的应税消费品；经国务院批准设立，享有进出口经营权的中外合资企业收购自营出口的国产应税消费品；外轮供应公司、远洋运输供应公司销售给外轮和远洋国轮并收取外汇的应税消费品。此外，在 2013 年 12 月 12 日，财政部和国家税务总局下发《关于对废矿物油再生油品免征消费税的通知》（财税〔2013〕105 号）。其中规定，经国务院批准，自 2013 年 11 月 1 日至 2018 年 10 月 31 日，对以回收的废矿物油为原料生产的润滑油基础油、汽油、柴油等工业油料免征消费税。而在 2018 年 12 月 7 日，财政部和国家税务总局又下发《关于延长对废矿物油再生油品免征消费税政策实施期限的通知》（财税〔2018〕144 号），将对废矿物油再生油品免征消费税的期限延长了 5 年，即从 2018 年 11 月 1 日开始到 2023 年 10 月 31 日截止。对于在 2018 年 11 月 1 日到 2018 年 12 月 7 日之间已经缴纳消费税的纳税人，如果符合上述通知的免税规定，其缴纳的消费税可以予以退还。

第五节　消费税计算实例

为了更好地实施《电子商务法》，海关总署发布了《关于跨境电子商务零售进出口商品有关监管事宜的公告》(2018 年第 194 号公告)，该公告规定：跨境电商零售进口产品，需按照国家跨境电子商务零售进口税收政策征收关税和进口环节增值税、消费税，完税价格为实际交易价格，包括商品的零售价格、运费和保险费。该公告还规定：跨境电子商务零售进口商品消费者（订购人）为纳税义务人。在海关注册登记的跨境电子商务平台企业、物流企业或申报企业是税款的代收代缴义务人。海关对符合监管规定的跨境电子商务零售进口商品按时段汇总计征税款，代收代缴义务人向海关提交足额有效税款担保，海关放行三十日内未发生退货或者修撤单的，代收代缴义务人在第三十一日至第四十五日内向海关办理纳税手续。

例如：某化妆品厂 2019 年 1 月取得销售化妆品收入含税 104.4 万元，收取手续费 2.32 万元（含税），还获得逾期包装物押金收入 1.16 万元（含税）。增值税税率为 16%，消费税税率为 30%，那么，该化妆品厂需要缴纳的消费税为多少？

消费税的计算方法主要有从价定率、从量定额、复合计征等，该化妆品厂属于从价定率，其应纳税额 = 销售额 × 税率，销售额是纳税人销售应纳消费品向购方收取的全部价款和价外费用。所以，该化妆品厂本月应缴纳消费税为：(104.4+2.32+1.16) ÷ (1+16%) ×30%=27.9 万元。

第六章

企业所得税实操管理

第一节　企业所得税的新变化

2019 年，除了增值税方面出现较大变化，企业所得税方面也可能会成为税制改革的一个重点。

当前，我国的企业所得税税率在全球范围内处于中等水平，从 2008 年降为 25% 之后，就没有进行过调整。除了对一些新兴行业给予了 15% 的税率优惠，政府还对一些小微企业、初创企业或高技术企业实施一些普惠性的税收减免措施。

2017 年 5 月 2 日，财政部、国家税务总局和科技部联合下发《关于提高科技型中小企业研究开发费用税前加计扣除比例的通知》（财税〔2017〕34 号）。其中规定：科技型中小企业开展研发活动中实际发生的研发费用，未形成无形资产计入当期损益的，在按规定据实扣除的基础上，在 2017 年 1 月 1 日至 2019 年 12 月 31 日期间，再按照实际发生额的 75% 在税前加计扣除。形成无形资产的，在上述期间按照无形资产成本的 175% 在税前摊销。

2018 年 2 月 11 日，财政部和国家税务总局下发《关于公益性捐赠支出企业所得税税前结转扣除有关政策的通知》（财税〔2018〕15 号）。其中规定：企业通过公益性社会组织或者县级（含县级）以上人民政府及其组成部门和直属机构，用于慈善活动、公益事业的捐赠支出，在年度利润总额 12% 以内的部分，准予在计算应纳税所得额时扣除。超过年度利润总额 12% 的部分，准予结转以后三年内在计算应纳税所得额时扣除。

2018 年 5 月 7 日，财政部和国家税务总局下发《关于企业职工教育经费税前扣除政策的通知》（财税〔2018〕51 号）。其中规定：企业发生的职工教育经费支出，不超过工资薪金总额 8% 的部分，准予在计算企业所得税应纳税所得额时扣除。超过部分，准予在以后纳税年度结转扣除。

2018 年 5 月 7 日，财政部和国家税务总局下发《关于设备 器具扣除有关企业所得税政策的通知》(财税〔2018〕54号)。其中规定：企业在2018年1月1日至2020年12月31日期间新购进的设备、器具，单位价值不超过500万元的，允许一次性计入当期成本费用在计算应纳税所得额时扣除，不再分年度计算折旧。

2018年7月11日，财政部和国家税务总局下发《关于延长高新技术企业和科技型中小企业亏损结转年限的通知》(财税〔2018〕76号)。其中规定：自2018年1月1日起，当年具备高新技术企业或科技型中小企业资格的企业，其具备资格年度之前5个年度发生的尚未弥补完的亏损，准予结转以后年度弥补，最长结转年限由5年延长至10年。

2018年7月11日，财政部和国家税务总局下发《关于进一步扩大小型微利企业所得税优惠政策范围的通知》(财税〔2018〕77号)。其中规定：自2018年1月1日至2020年12月31日，将小型微利企业的年应纳税所得额上限由50万元提高至100万元，对年应纳税所得额低于100万元（含100万元）的小型微利企业，其所得减按50%计入应纳税所得额，按20%的税率缴纳企业所得税。在这里，提到的小型微利企业，是指从事国家非限制和禁止的行业且具备以下条件的企业。

（1）工业企业，年度应纳税所得额不超过100万元，从业人数不超过100人，资产总额不超过3000万元。

（2）其他企业，年度应纳税所得额不超过100万元，从业人数不超过80人，资产总额不超过1000万元。

2018年10月31日，国家税务总局下发《关于责任保险费企业所得税税前扣除有关问题的公告》(国家税务总局公告2018年第52号)。其中规定：企业参加雇主责任险、公众责任险等责任保险，按照规定缴纳的保险费，准予在企业所得税税前扣除。

2019年1月9日的国务院常务会议上，决定推出一批针对小

微企业的普惠性减税措施。在企业所得税方面，会议指出：要大幅放宽可享受企业所得税优惠的小型微利企业标准，同时加大所得税优惠力度，对小型微利企业年应纳税所得额不超过 100 万元、100 万元到 300 万元的部分，分别减按 25%、50% 计入应纳税所得额，使实际税负降至 5% 和 10%。调整后优惠政策将覆盖 95% 以上的纳税企业，其中 98% 为民营企业。

2019 年，关于企业所得税方面的政策法规有可能会陆续出台，越来越多的企业将会在税收方面获得更多的优惠。

第二节　企业所得税的基本知识

一、企业所得税的纳税人、纳税范围和征税对象

企业所得税是针对中华人民共和国境内的企业和其他取得收入的组织，以其生产经营所得作为课税对象征收的一种所得税。这里所说的企业既包括居民企业，也包括非居民企业。

居民企业是指依法在中国境内成立的企业；或者依照外国法律成立，但实际管理机构在中国境内的企业。非居民企业则是指依照外国法律成立，并且实际管理机构不在中国境内，但却在中国境内设立机构和场所，或者在中国境内未设立机构和场所，但有来源于中国境内所得的企业。

税务人员说：征收企业所得税可以调节国家与企业之间的利润分配关系，这种分配关系是我国经济分配制度中最重要的一个方面，是处理其他分配关系的前提和基础。

企业所得税的纳税人是在中华人民共和国境内的企业和其他取得收入的组织。其中，个人独资企业和合伙企业不属于企业所得税的纳税人。

企业所得税的纳税人主要包括国有企业、集体企业、私营企业、联营企业、股份制企业、有生产经营所得和其他所得的其他组织等几大类别。这些纳税人需要根据自身的生产经营所得和其他所得来缴纳一定的企业所得税。

企业所得税的征税对象主要是纳税人取得的所得，其中包括销售货物所得、提供劳务所得、股息红利所得、转让财产所得、利息所得、租金所得、

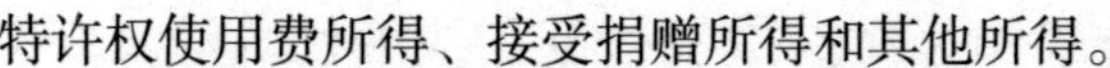
特许权使用费所得、接受捐赠所得和其他所得。

现行《中华人民共和国企业所得税法》第三条规定：

“居民企业应当就其来源于中国境内、境外的所得缴纳企业所得税。

“非居民企业在中国境内设立机构、场所的，应当就其所设机构、场所取得的来源于中国境内的所得，以及发生在中国境外但与其所设机构、场所有实际联系的所得，缴纳企业所得税。

“非居民企业在中国境内未设立机构、场所的，或者虽设立机构、场所但取得的所得与其所设机构、场所没有实际联系的，应当就其来源于中国境内的所得缴纳企业所得税。”

二、企业所得税的税率及计算

企业所得税税率是企业应纳所得税额与计税基数之间的一种数量关系，其直接反映出一个国家企业所得税负的高低。企业所得税税率都是法定的，税率越高，企业需要缴纳的税额也就越高。

在现行《中华人民共和国企业所得税法》中，规定企业所得税的税率为25%。其中，符合条件的小型微利企业的税率为20%；国家重点扶持的高新技术企业的税率为15%；民族自治地方的自治机关对本民族自治地方的企业应缴纳的企业所得税中属于地方分享的部分可以决定减征或者免征，自治州、自治县决定减征或者免征的，须报省、自治区、直辖市人民政府批准。

非居民企业在中国未设立机构和场所的，或者虽然设立机构和场所，但取得的所得与其所设机构和场所并没有实际联系的所得，应当就其来源于中国境内的所得缴纳企业所得税，税率按照20%来计算。

此外，对于一些符合特定条件的小型微利企业或国家扶持的高新技术企业，所缴纳的企业所得税税率会比规定税率稍低一些。

技术先进型服务企业，税率为15%。线宽小于0.25微米的集成电路生产企业，税率为15%。投资额超过80亿元的集成电路生产企业，税率为15%。设在西部地区的鼓励类产业企业，税率为15%。国家规划布局内的重点软件企业和集成电路设计企业，税率为10%。

在计算企业所得税时，需要首先计算出企业在该年度的应纳税所得额。企业在每一个纳税年度中的收入总额减掉不征税收入、免税收入、各项扣除及允许弥补的以前年度亏损后的余额，就是企业的应纳税所得额。其中，企业的收入总额是指企业以货币形式和非货币形式从各种来源取得的收入，主要包括销售货物收入、提供劳务收入、转让财产收入、股息红利等权益性投资、利息收入、租金收入、特许权使用费收入、接受捐赠收入和其他收入等内容。

在企业的收入总额中，财政拨款，依法收取并纳入财政管理的行政事业性收费、政府性基金，以及国务院规定的其他不征税收入，都属于不征税收入，可以在计算企业应纳税所得额时扣除。同时，企业实际发生的与取得收入有关的、合理的支出，包括成本、费用、税金、损失和其他支出，也可以在计算应纳税所得额时扣除。此外，在计算应纳税所得额时，企业按照规定计算的固定资产折旧和无形资产摊销费用可以扣除。但是，有一些具体情况不得扣除，如下表所示。

下列固定资产不得计算折旧扣除	下列无形资产不得计算摊销费用扣除
房屋、建筑物以外未投入使用的固定资产	自行开发的支出已在计算应纳税所得额时扣除的无形资产
以经营租赁方式租入的固定资产	
以融资租赁方式租出的固定资产	自创商誉
已足额提取折旧仍继续使用的固定资产	与经营活动无关的无形资产
与经营活动无关的固定资产	其他不得计算摊销费用扣除的无形资产
单独估价作为固定资产入账的土地	
其他不得计算折旧扣除的固定资产	

在计算应纳税所得额时，企业所发生一些支出作为长期待摊费用，可以按照规定摊销的，也可以扣除。其中包括已足额提取折旧的固定资产的改建支出，租入固定资产的改建支出，固定资产的大修理支出，以及其他应当作为长期待摊费用的支出。因此，企业所得税应纳税所得额的计算公式为：企业所得税应纳税所得额 = 收入总额 – 不征税收入 – 免税收入 – 抵扣项目 – 允许弥补的以前年度的亏损。

在计算出企业所得税应纳税所得额之后，用企业的应纳税所得额乘以适用税率，再减去依照《中华人民共和国企业所得税法》关于税收优惠的规定减免和抵免税额后的余额，就是企业所得税的应纳税额。其计算公式为：企业所得税应纳税额 = 应纳税所得额 × 适用税率 – 减免税额 – 抵免税额。

第三节　企业所得税的税收优惠及纳税申报

一、企业所得税的税收优惠

国家为了鼓励和扶持一些重点产业和企业，会采用企业所得税减免来给予特定行业税收优惠。

税收优惠的方式包括免税、减税、加计扣除、加速折旧、减计收入、税额减免等。

企业免税的收入主要包括国债利息收入，符合条件的居民企业之间的股息、红利等权益性投资收益，在中国境内设立机构、场所的非居民企业从居民企业取得与该机构、场所有实际联系的股息、红利等权益性投资收益，以及符合条件的非营利组织的收入。

税务人员说：自 2019 年 1 月 1 日至 2021 年 12 月 31 日，对小型微利企业年应纳税所得额不超过 100 万元的部分，减按 25% 计入应纳税所得额，按 20% 的税率缴纳企业所得税；对年应纳税所得额超过 100 万元但不超过 300 万元的部分，减按 50% 计入应纳税所得额，按 20% 的税率缴纳企业所得税。

企业从事下列项目的所得，可以免征或减征企业所得税。

（1）从事农、林、牧、渔业项目的所得。

（2）从事国家重点扶持的公共基础设施项目投资经营的所得。

（3）从事符合条件的环境保护、节能节水项目的所得。

（4）符合条件的技术转让所得。

（5）非居民企业在中国境内未设立机构、场所的，或者虽设立机构、场所，但取得的所得与其所设机构、场所没有实际联系的。

企业的下列支出，可以在计算应纳税所得额时加计扣除。

（1）开发新技术、新产品、新工艺发生的研究开发费用。

（2）安置残疾人员及国家鼓励安置的其他就业人员所支付的工资。

此外，创业投资企业从事国家需要重点扶持和鼓励的创业投资，可以按照投资额的一定比例来抵扣应纳税所得额。

由于技术进步等原因，企业的固定资产确实需要加速折旧的，可以缩短折旧的年限，或者采取加速折旧的方法。

企业综合利用资源，生产符合国家产业政策规定的产品，所取得的收入可以在计算应纳税所得额时减计收入。

企业购置用于环境保护、节能节水、安全生产等专用设备的投资额，可以按照一定比例实行税额抵免。

关于企业所得税的优惠政策及具体的优惠办法，主要由国务院来规定。国务院需要根据经济和社会发展的需要，对企业所得税的优惠政策进行适当调整。当国务院制定出新的企业所得税专项优惠政策后，需要报全国人大常委会备案。

二、企业所得税的征收管理

在企业所得税的征收管理中，主要涉及纳税时间和纳税地点两个问题，《中华人民共和国企业所得税法》中对这两个问题进行了明确规定。

（一）纳税时间

在纳税时间上，企业所得税按照纳税年度来进行计算，完整的纳税年度从1月1日起到12月31日为止。如果一个企业在纳税年度中间开业，从而使该纳税年度的实际经营期不足十二个月，应当按照其实际经营期作为一个纳税年度。企业依法清算时，也应当以清算期间作为一个纳税年度。

企业在年度中间终止经营活动的，应当自实际经营终止之日起六十日内，向税务机关办理当期企业所得税汇算清缴。企业应当在办理注销登记前，就其清算所得向税务机关申报并依法缴纳企业所得税。

企业所得税采取分月或分季预缴的方式征收，企业应当在月份或季度终了之日起十五日内，向税务机关报送预缴企业所得税纳税申报表，进行税款预缴。在年度终了之日起五个月内，企业应当向税务机关报送年度企业所得税纳税申报表，同时进行汇算清缴，结清应缴应退税款。在报送企业所得税申报表时，企业应当按照规定附送财务会计报告和其他相关资料。

（二）纳税地点

在纳税地点上，除了税法和行政法规另有规定外，居民企业以企业登记注册地为纳税地点；但登记注册地在境外的，以实际管理机构所在地为纳税地点。居民企业在中国境内设立不具有法人资格的营业机构的，应当汇总计算并缴纳企业所得税。

非居民企业在缴纳企业所得税时，应以机构、场所所在地为纳税地点。非居民企业在中国境内设立两个或者两个以上机构、场所的，经税务机关审核批准，可以选择由其主要机构、场所汇总缴纳企业所得税。

非居民企业在中国境内未设立机构、场所的，或者虽设立机构、场所但取得的所得与其所设机构、场所没有实际联系的，应当就其来源于中国境内的所得缴纳企业所得税。在缴纳企业所得税时，应以扣缴义务人所在地为纳税地点。

（三）纳税申报表

对于企业所得税的纳税人来说，每年5月底之前的企业所得税汇算清缴是一项重要工作。纳税人需要依照税收相关法律的规定，向主管税务机关办理企业所得税年度纳税申报，同时结清上个年度的企业所得税税款。在这项工作中，填报企业所得税年度纳税申报表是一个不可或缺的重要环节。

纳税申报表不仅是纳税人计算应纳税额，享受所得税优惠的重要载体，也是税务机关了解纳税人经营情况，进行有效后续管理的重要依托。因此，纳税人认真填写纳税申报表是十分必要的。

2017年12月29日，国家税务总局发布了《中华人民共和国企业所得税年度纳税申报表（A类，2017年版）》，对原有的申报表的部分项目内容进行了细化，同时加强了对重点业务的纳税税收征管。

2017年版的企业所得税年度纳税申报表在保持2014年版年度申报表整体架构不变的基础上，依照“精简表单、优化结构、方便填报”的原则，优化了纳税申报表的填报体验。

首先，整体报表结构更加合理。新版年度申报表精简了表单，使表单数量减少了10%，从而进一步减轻了纳税人的填报负担。

其次，报表更好地体现了政策要求。为了更好地贯彻落实企业所得税的相关优惠政策，新版的年度申报表对相应附表和表单栏进行了优化与调整。

最后，整个报表的填报过程更加便捷。为了让纳税人能够准确填报，新版报表进一步优化了勾稽关系。网上申报的纳税人，在填报小微企业优惠金额、项目所得减免优惠金额等事项时，可以根据纳税人填报的基础数据进行自动计算和填写。

优化和调整后的纳税申报表不仅能够确保纳税人可以全面及时地享受相关优惠政策，也使报表的填报过程更加便捷。在缩减纳税人申报准备时间的同时，也在很大程度上减轻了纳税申报人的负担。

第四节　企业所得税税前扣除凭证

一、税前扣除凭证的定义

在2008年的《中华人民共和国企业所得税法》及其实施条例中，并没有对税前扣除凭证制作出系统规定和具体的解释。这就使得在具体的税收征管实践中，出现了管理规定分散、征纳双方认识存在分歧的情况。

为了更好地加强企业所得税税前扣除凭证管理，规范税收执法，国家税务总局于2018年6月6日发布了《企业所得税税前扣除凭证管理办法》（国家税务总局2018年第28号），并自2018年7月1日起施行。

对于纳税人来说，税前扣除凭证种类多、源头广，究竟哪些凭证是有效的，哪些凭证是无效的，很不容易区分。对于税务征管机构来说，纳税人手中各种各样的凭证也为税收征管带来很多不便。同时，对于一些税前扣除凭证的使用方法缺乏明确规定，也给税收征纳双方带来诸多不便。

税前扣除凭证是企业在计算企业所得税应纳税所得额时，扣除相关支出的依据。如果缺少相关扣除凭证，即使是在税前扣除范围的应税款项，也无法进行扣除。最为常见的一种扣税凭证就是发票。

二、税前扣除凭证分类

在《企业所得税税前扣除凭证管理办法》中，对税前扣除凭证的种类进行了划分。根据税前扣除凭证的取得来源，其可分为内部凭证和外部凭证两种类型。

内部凭证是指企业根据国家会计法律、法规等相关规定，在发生支出时，自行填制的用于核算支出的会计原始凭证。较为常见的有企业为员工支付的工资、工资表。

外部凭证是指企业发生经营活动和其他事项时，取得的发票、财政票据、完税凭证、分割单以及其他单位、个人出具的收款凭证等。这里的发票不仅包括纸质发票，也包括电子发票，税务机关代开的发票也包括在其中。

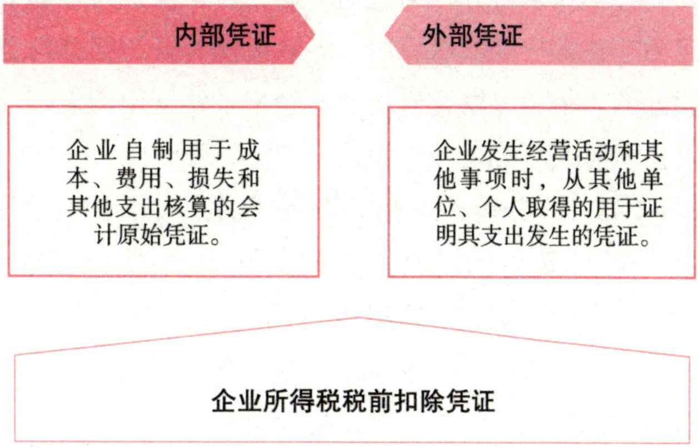

内部凭证	外部凭证
企业自制用于成本、费用、损失和其他支出核算的会计原始凭证。	企业发生经营活动和其他事项时，从其他单位、个人取得的用于证明其支出发生的凭证。

企业所得税税前扣除凭证

值得注意的是，企业在经营活动中常常伴生有合同协议和付款凭证等资料，在一定情况下，可以表现为支出依据。这些资料是不属于税前扣除凭证的。

三、取得税前扣除凭证的时间要求

在一些情况下，企业可能需要补开或换开符合规定的税前扣除凭证，并不能在支出发生的同时就取得符合规定的税前扣除凭证。因此，《企业所得税税前扣除凭证管理办法》规定企业可以在当年度企业所得税规定的汇算清缴期结束之前，取得符合规定的税前扣除凭证。

四、税前扣除凭证应用实务

对于能够在规定期限内取得符合规定的发票和其他外部凭证的企业，其相应的支出可以进行税前扣除。如果出现应当取得而没有取得发票和其他外部凭证，或是取得的发票是不合规的发票和不合规的其他外部凭证的，需要根据具体的情况来进行分析。

（一）汇算清缴期结束之前的情况

（1）能够补开或换开符合规定的发票和其他外部凭证的，其相应支出可以进行税前扣除。

（2）如果对方因为注销、撤销、依法被吊销营业执照，或被税务机关认定为非正常户等特殊原因，导致无法补开、换开符合规定的发票和其他外部凭证的。企业可以凭借相关资料来证实支出的真实性，这样相应的支出就可以在税前进行扣除。

（3）对于没能补开或换开符合规定的发票、其他外部凭证，并且也无法凭借相关资料来证实支出的真实性的企业，其相应支出不能在发生年度税前扣除。

（二）汇算清缴期结束之后的情况

（1）如果由于一些原因，企业没有在规定期限内取得符合规定的发票和其他外部凭证，或者是取得的发票和其他外部凭证不合规定。同时，企业主动没有进行税前扣除的，可以待以后年度取得了符合规定的发票或其他外部凭证后，将相应支出追补到该支出发生年度进行扣除。其中，追补扣除年限不得超过五年。

对于因对方注销、撤销、依法被吊销营业执照、被税务机关认定为非正常户等特殊原因无法补开、换开符合规定的发票、其他外部凭证的。企业在以后年度凭借相关资料证实支出的真实性之后，相应的支出同样可以追补至该支出发生年度进行扣除，而追补扣除年限同样不得超过五年。

（2）税务机关发现企业应当取得而没有取得发票和其他外部凭证，或者取得的发票和其他外部凭证不合规，应及时告知企业。企业应当在被告知之日起六十日内补开或换开符合规定的发票、其他外部凭证，或凭借相关资料证实支出真实性后，相应的支出可以在发生年度税前进行扣除。否则，该支出便不得在发生年度税前扣除，同时也不能在以后的年度追补扣除。

国家税务总局出台的《企业所得税税前扣除凭证管理办法》明确了税前扣除凭证的相关概念、适用范围、管理原则、种类、基本情形税务处理、特殊情形税务处理等内容，在减轻纳税人办税负担的同时，保障了纳税人的合法权益。

第五节 企业所得税计算实例

某企业为一家机械制造企业，是一般纳税人，2017 年实现税前收入 3000 万元（其中，产品销售收入 2500 万元，购买国债利息收入 200 万元，营业外收入 300 万元），生产成本为 1780 万元，销售费用为 420 万元（其中，业务招待费 100 万元），管理费用为 500 万元（其中，职工薪酬为 300 万元，员工人数为 75 人），营业外支出 10 万元（其中，税收滞纳金为 2 万元，各种罚款 8 万元），该企业资产总额为 4850 万元。该企业 2017 年需要缴纳的所得税计算如下所述。

①该企业 2017 年收入总额 =2500+300+200=3000 万元，其中免税收入 200 万元（国债利息免征所得税）。

②该企业 2017 年成本 =1780+420+500=2700 万元。

③该企业 2017 年利润总额 =3000–2700–10=290 万元。

④业务招待费调增额 =100–12.5=87.5 万元。

⑤营业外支出调增额为 10 万元。

⑥国债利息收入调减 200 万元。

⑦该企业 2017 年的企业所得税应纳税所得额为：290+87.5+10–200=187.5 万元。

⑧该企业 2017 年需要缴纳所得税为：187.5 × 25%=46.875 万元。

如果该企业 2019 年度跟 2017 年度所有情况都一样，但国家针对小微企业的税收优惠政策出来后，因为该企业应纳税所得额没有超过 300 万元，从业人数也没超过 300 人，资产总额没有超过 5000 万元，符合小微企业的认定，所以，能够享受税收优惠。

根据财政部、国家税务总局《关于实施小微企业普惠性税收减免政策的通知》（财税〔2019〕13 号）的规定：对小型微利企业年应纳税所得额不超过

100 万元的部分，减按 25% 计入应纳税所得额，按 20% 的税率缴纳企业所得税；对年应纳税所得额超过 100 万元但不超过 300 万元的部分，减按 50% 计入应纳税所得额，按 20% 的税率缴纳企业所得税。

该企业 2019 年应缴纳的所得税计算如下所述。

① 100 万元以下的部分，应缴纳所得税为：100 × 25% × 20%=5 万元。

②超出 100 万元但没有超过 300 万元的部分，应缴纳所得税为：87.5 × 50% × 20%=8.75 万元。

③该企业 2019 年应纳所得税为：5+8.75=13.75 万元。

与 2017 年相比，2019 年该企业少缴纳的所得税为：46.875–13.75=33.125 万元。国家的优惠政策能给小微企业带来确确实实的优惠。不过，如果该企业在 2019 年应纳税所得额超过了 300 万元，即便是 300.01 万元，以上的优惠政策就不能享受了。

第七章

个人所得税实操管理

第一节　个人所得税新规定

一、新修改的《中华人民共和国个人所得税法》发布

2018 年 8 月 31 日，第十三届全国人大常委会第五次会议通过了《关于修改〈中华人民共和国个人所得税法〉的决定》，新修改的《中华人民共和国个人所得税法》（以下简称《个人所得税法》）自 2019 年 1 月 1 日起施行。

从 1980 年的《中华人民共和国个人所得税法》出台，到 2018 年 8 月 31 日第十三届全国人大常委会第五次会议通过了《关于修改〈中华人民共和国个人所得税法〉的决定》，这期间，《个人所得税法》已经进行过 7 次修改。前六次修改主要围绕工资、薪金所得的费用扣除标准和税率等问题进行较小改动，而第七次修改则是力图将个人所得税从分类税制推向综合与分类相结合的税制，进而解决个人所得税法自实施以来长期存在的难题。

第七次《个人所得税法》改革将工资薪金所得、劳务报酬所得、稿酬所得、特许权使用费所得等劳动性所得归并为“综合所得”，同时适用统一的超额累进税率，而其他各项所得依然采用分类征税的方式。这正是个人所得税法向着综合与分类相结合的个人所得税制迈进的重要举措。此外，新修改的《个人所得税法》还将综合所得基本费用扣除标准提高到了每年 6 万元，扩大了 3%、10% 和 20% 三档低税率的级距，缩小了 25% 税率的级距。这使得减税红利可以覆盖更加广泛的人群，为中低收入群体提供了减税优惠。

在新修改的《个人所得税法》中，除了原有的个人基本养老保险、基本医疗保险、失业保险、住房公积金等专项扣除项目外，还规定了子女教育、继续教育、大病医疗、住房贷款利息或住房租金、赡养老人支出等专项附加扣除。专项附加扣除的设立，不仅能够进一步减轻纳税人的税负，还体现出了新修改的《个人所得税法》的公平性。

二、《中华人民共和国个人所得税法实施条例》第四次修订

2018 年 12 月 18 日，李克强签署国务院令第 707 号，公布了修订后的《中华人民共和国个人所得税法实施条例》(以下简称《实施条例》)。

第一次发布	1994 年 1 月 28 日,《中华人民共和国个人所得税法实施条例》以中华人民共和国国务院令第 142 号发布
第一次修订	2005 年 12 月 19 日,《国务院关于修改〈中华人民共和国个人所得税法实施条例〉的决定》
第二次修订	2008 年 2 月 18 日,《国务院关于修改〈中华人民共和国个人所得税法实施条例〉的决定》
第三次修订	2011 年 7 月 19 日,《国务院关于修改〈中华人民共和国个人所得税法实施条例〉的决定》
第四次修订	2018 年 12 月 18 日，中华人民共和国国务院令第 707 号

《实施条例》的修订是落实修改后的《个人所得税法》，建立综合与分类相结合个人所得税制的制度保障。《实施条例》的修订主要是根据《个人所得税法》修改的内容，相应修改了现行条例中的相关规定，从而使其与上位法保持一致，具体内容的修订主要表现在以下几个方面。

(一)明确对符合居民个人标准的境外人士的税收优惠

新修改的《个人所得税法》将判定居民个人的标准由在中国境内居住满 1 年调整为满 183 天。为吸引境外人才，加大对符合居民个人标准的境外人士税收优惠力度,《实施条例》修改了一些规定。

《实施条例》规定：在中国境内无住所的个人，在中国境内居住累计满 183 天的年度连续不满 6 年（修订前《实施条例》为 5 年）的，经向主管税务机关备案，其来源于中国境外且由境外单位或者个人支付的所得，免予缴纳个人所得税。在中国境内居住累计满 183 天的任一年度中有一次离境超过 30 天的，其在中国境内居住累计满 183 天的年度的连续年限重新起算。

(二)完善经营所得应纳税所得额的计算方法

新修改的《个人所得税法》将个体工商户的生产、经营所得和企事业单

位的承包经营、承租经营所得统一调整为经营所得。为支持鼓励自主创业，对个体工商户等经营主体给予家庭生计必要支出减除，《实施条例》修改了一些规定。

《实施条例》规定：取得经营所得的个人，没有综合所得的，计算其每一纳税年度的应纳税所得额时应当减除费用6万元、专项扣除、专项附加扣除以及依法确定的其他扣除。

（三）明确相关事项的政策界限

《实施条例》明确了个人所得税征收中一些重要事项的政策界限，其中包括新修改的《个人所得税法》中依法确定的其他扣除，包括个人缴付符合国家规定的企业年金、职业年金，个人购买符合国家规定的商业健康保险、税收递延型商业养老保险的支出，以及国务院规定可以扣除的其他项目。此外，专项扣除、专项附加扣除和依法确定的其他扣除以居民个人一个纳税年度的应纳税所得额为限额，一个纳税年度扣除不完的不结转以后年度扣除等。

税务人员说：2019年年初，国家税务总局对个人所得税申报表进行修订。此次个人所得税申报表的修订，结合新税制政策规定，进一步简并简化申报内容、规范数据口径、引导和鼓励网络申报，确保新税制全面顺利实施和个人所得税重点政策有效落地。

为了更好地保障新修改的《个人所得税法》设立的专项附加扣除项目可以顺利落地，《实施条例》还在以下几个方面做出了详细规定。

（1）工资、薪金所得可以由扣缴义务人在扣缴税款时减除专项附加扣除，其他综合所得在汇算清缴时减除专项附加扣除，纳税人可以委托扣缴义务人或者其他单位和个人办理汇算清缴。

（2）纳税人、扣缴义务人应当按照规定保存与专项附加扣除相关的资料，税务机关可以对专项附加扣除信息进行抽查，发现纳税人提供虚假信息的，责令改正并通知扣缴义务人；情节严重的，有关部门应当依法予以处理，纳入信用信息系统并实施联合惩戒。

（3）专项扣除、专项附加扣除和依法确定的其他扣除以居民个人一个纳税年度的应纳税所得额为限额，一个纳税年度扣除不完的不结转以后年度扣除。

除了上述规定的修改，财政部和税务总局还对个人所得税优惠政策进行了梳理，经报国务院批准后，决定继续保留现行有关税收优惠政策。

三、个人所得税相关优惠政策的衔接问题

2018 年 12 月 27 日，财政部、国家税务总局共同发布了《关于个人所得税法修改后有关优惠政策衔接问题的通知》（财税〔2018〕164 号），对个人所得税优惠政策的衔接问题做出了相关规定，具体内容包括以下几个方面。

（一）上市公司股权激励的政策

居民个人取得股票期权、股票增值权、限制性股票、股权奖励等股权激励，符合《财政部 国家税务总局关于个人股票期权所得征收个人所得税问题的通知》（财税〔2005〕35 号）、《财政部 国家税务总局关于股票增值权所得和限制性股票所得征收个人所得税有关问题的通知》（财税〔2009〕5 号）、《财政部 国家税务总局关于将国家自主创新示范区有关税收试点政策推广到全国范围实施的通知》（财税〔2015〕116 号）第四条、《财政部 国家税务总局关于完善股权激励和技术入股有关所得税政策的通知》（财税〔2016〕101 号）第四条第（一）项规定的相关条件的，在 2021 年 12 月 31 日前，不必并入当年综合所得，而是全额单独适用综合所得税税率表，计算纳税。具体的计算公式为：

应纳税额 = 股权激励收入 × 适用税率 − 速算扣除数

（二）全年一次性奖金的政策

居民个人取得全年一次性奖金，符合《国家税务总局关于调整个人取得全年一次性奖金等计算征收个人所得税方法问题的通知》（国税发〔2005〕9 号）规定的，在 2021 年 12 月 31 日前，以全年一次性奖金收入除以 12 个月得到的数额，按照按月换算后的综合所得税率表，确定适用税率和速算扣除数，不必并入当年综合所得，单独计算应纳税额。具体计算公式为：

应纳税额 = 全年一次性奖金收入 × 适用税率 − 速算扣除数

居民个人所取得的全年一次性奖金，也可以选择计入当年综合所得中计算纳税。但是，在 2022 年 1 月 1 日起，居民个人取得全年一次性奖金，应该

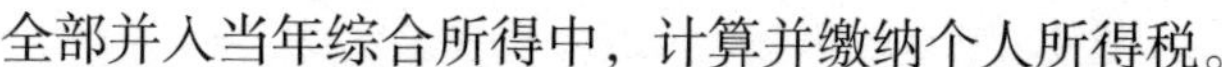

全部并入当年综合所得中，计算并缴纳个人所得税。

（三）保险营销员、证券经纪人佣金收入的政策

保险营销员、证券经纪人取得的佣金收入，属于劳务报酬所得，收入额为不含增值税的收入减除20%费用后的余额。用收入额减去展业成本以及附加税费后，再并入当年综合所得，计算缴纳个人所得税。保险营销员、证券经纪人的展业成本按照收入额的25%计算。

扣缴义务人向保险营销员、证券经纪人支付佣金收入时，应该按照《个人所得税扣缴申报管理办法（试行）》（国家税务总局公告2018年第61号）规定的累计预扣法计算预扣税款。

（四）个人领取企业年金、职业年金的政策

个人达到国家规定的退休年龄，领取的企业年金、职业年金，符合财政部、人力资源社会保障部、国家税务总局发布的《关于企业年金、职业年金个人所得税有关问题的通知》（财税〔2013〕103号）的规定的，不并入综合所得，全额单独计算应纳税款。其中，按月领取的，适用月度税率表计算纳税。按季领取的，平均分摊计入各月，按每月领取额适用月度税率表计算纳税。按年领取的，适用综合所得税率表计算纳税。

个人因出境定居而一次性领取的年金个人账户资金，或个人死亡后，其指定的受益人或法定继承人一次性领取的年金个人账户余额，适用综合所得税率表计算纳税。个人除上述特殊原因外一次性领取年金个人账户资金或余额的，适用月度税率表计算纳税。

（五）解除劳动关系、提前退休的一次性补偿收入的政策

个人与用人单位解除劳动关系取得一次性补偿收入，其中包括用人单位发放的经济补偿金、生活补助费和其他补助费，在当地上年职工平均工资3倍数额以内的部分，免征个人所得税；超过3倍数额的部分，不必并入当年综合所得，单独适用综合所得税率表，计算纳税。

个人办理提前退休手续而取得的一次性补贴收入，应按照办理提前退休手续至法定离退休年龄之间实际年度数平均分摊，确定适用税率和速算扣除数，单独适用综合所得税率表，计算纳税。具体计算公式为：

应纳税额 ={〔（一次性补贴收入 ÷ 办理提前退休手续至法定退休年龄的实际年度数）– 费用扣除标准〕× 适用税率 – 速算扣除数 }× 办理提前退休

手续至法定退休年龄的实际年度数

（六）单位低价向职工售房的政策

单位按低于购置或建造成本价格出售住房给职工，职工因此而少支出的差价部分，符合财政部、国家税务总局发布的《关于单位低价向职工售房有关个人所得税问题的通知》（财税〔2007〕13号）的第二条规定的，不并入当年综合所得，以差价收入除以12个月得到的数额，按照月度税率表确定适用税率和速算扣除数，单独计算应纳税额。其计算公式为：

应纳税额＝职工实际支付的购房价款低于该房屋的购置或建造成本价格的差额 × 适用税率 – 速算扣除数

（七）外籍个人有关津补贴的政策

2019年1月1日至2021年12月31日期间，外籍个人符合居民个人条件的，可以选择享受个人所得税专项附加扣除，也可以选择按照《财政部 国家税务总局关于个人所得税若干政策问题的通知》（财税〔1994〕20号）、《国家税务总局关于外籍个人取得有关补贴征免个人所得税执行问题的通知》（国税发〔1997〕54号）和《财政部 国家税务总局关于外籍个人取得港澳地区住房等补贴征免个人所得税的通知》（财税〔2004〕29号）规定，享受住房补贴、语言训练费、子女教育费等津补贴免税优惠政策，但不能同时享受。外籍个人一经选择，在一个纳税年度内不得变更。

从2022年1月1日起，外籍个人不再享受住房补贴、语言训练费、子女教育费津补贴免税优惠政策，应该按规定享受专项附加扣除。

第二节　个人所得税的基本知识

一、个人所得税的征收范围

2018 年 8 月 31 日修改的《中华人民共和国个人所得税法》规定：居民个人从中国境内和境外取得的所得，需要依法缴纳个人所得税；非居民个人从中国境内取得的所得，同样需要依法缴纳个人所得税。在这里，“居民个人”是指在中国境内有住所，或者没有住所而一个纳税年度内在中国境内居住累计满 183 天的个人；而“非居民个人”则是指在中国境内无住所又不居住，或者无住所而一个纳税年度内在中国境内居住累计不满 183 天的个人。

在中国境内没有住所的个人，在中国境内居住累计满 183 天的年度连续不满 6 年的，经向主管税务机关备案，其来源于中国境外且由境外单位或者个人支付的所得，免予缴纳个人所得税。如果在中国境内居住累计满 183 天的任一年度中有一次离境超过 30 天的，其在中国境内居住累计满 183 天的年度的连续年限需要重新起算。

在具体的征收范围上，个人所得税主要针对下列各项个人所得征收所得税。

（1）工资、薪金所得。

（2）劳务报酬所得。

（3）稿酬所得。

（4）特许权使用费所得。

（5）经营所得。

（6）利息、股息、红利所得。

（7）财产租赁所得。

（8）财产转让所得。

（9）偶然所得。

其中，上面1到4项内容统称为综合所得，需要按照纳税年度来合并计算个人所得税。非居民个人如果取得上述1到4项所得，需要按月或者按次分项来计算个人所得税。

经营所得主要包括：个体工商户从事生产、经营活动取得的所得；个人独资企业投资人、合伙企业的个人合伙人来源于境内注册的个人独资企业、合伙企业生产、经营的所得；个人依法从事办学、医疗、咨询以及其他有偿服务活动取得的所得；个人对企业、事业单位承包经营、承租经营以及转包、转租取得的所得；个人从事其他生产、经营活动取得的所得。

在具体税率上，综合所得适用3%到45%的七级超额累进税率。经营所得适用5%到35%的五级超额累进税率。利息、股息、红利所得，财产租赁所得，财产转让所得和偶然所得，适用比例税率，税率为20%。

个人所得税税率表（综合所得适用）		
级数	全年应纳税所得额	税率
1	不超过36000元的	3%
2	超过36000元至144000元的部分	10%
3	超过144000元至300000元的部分	20%
4	超过300000元到420000元的部分	25%
5	超过420000元到660000元的部分	30%
6	超过660000元到960000元的部分	35%
7	超过960000元的部分	45%

注：上表中涉及的"全年应纳税所得额"是指居民个人取得综合所得以每一纳税年度收入额减除费用6万元，以及专项扣除、专项附加扣除和依法确定的其他扣除后的余额。

非居民个人取得工资、薪金所得、酬劳所得，稿酬所得和特许权使用费所得，需要按照上表按月换算后再去计算应纳税额。

个人所得税税率表（经营所得适用）		
级数	全年应纳税所得额	税率
1	不超过 30000 元的	5%
2	超过 30000 元至 90000 元的部分	10%
3	超过 90000 元至 300000 元的部分	20%
4	超过 300000 元到 500000 元的部分	30%
5	超过 500000 元的部分	35%

注：上表中所涉及的“全年应纳税所得额”是指以每一纳税年度的收入总额减除成本、费用以及损失后的余额。

二、个人所得税的减免规定

《个人所得税法》规定了一些具体的个人所得税减免情况，对于符合具体条件的纳税人，可以在计算应纳税额时减除减免的部分。

（一）免征个人所得税的情况

（1）省级人民政府、国务院部委和中国人民解放军以上单位，以及外国组织、国际组织颁发的科学、教育、技术、文化、卫生、体育、环境保护等方面的奖金。

（2）国债和国家发行的金融债券利息。

（3）按照国家统一规定发给的补贴、津贴。

（4）福利费、抚恤金、救济金。

（5）保险赔款。

（6）军人的转业费、复员费、退役金。

（7）按照国家统一规定发给干部、职工的安家费、退职费、基本养老金或者退休费、离休费、离休生活补助费。

（8）依照有关法律规定应予免税的各国驻华使馆、领事馆的外交代表、领事官员和其他人员的所得。

（9）中国政府参加的国际公约、签订的协议中规定免税的所得。

（10）国务院规定的其他免税所得。

（二）减征个人所得税的情况

减征个人所得税的情况：具体幅度和期限，需要由省、自治区、直辖市人民政府规定，并报同级人民代表大会常务委员会备案。

（1）残疾、孤老人员和烈属的所得。

（2）因自然灾害遭受重大损失的。

三、个人所得税应纳税所得额的计算

根据不同的个人所得，计算个人所得税应纳税所得额的方法也各有不同。一般来说，主要有以下几种情况。

（一）居民个人综合所得

居民个人综合所得，以每一纳税年度的收入额减除费用6万元以及专项扣除、专项附加扣除和依法确定的其他扣除后的余额，为应纳税所得额。

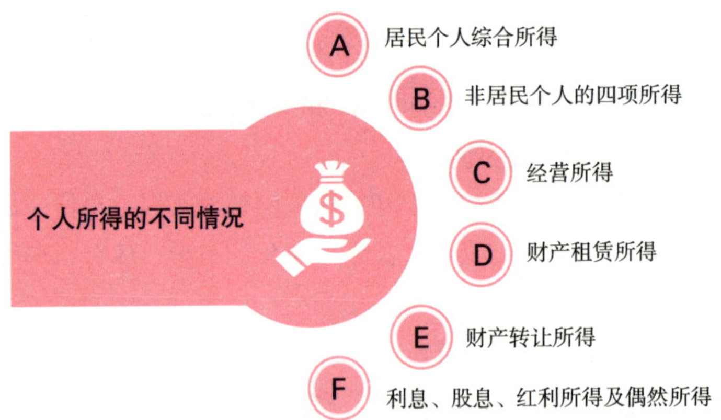

专项扣除、专项附加扣除和依法确定的其他扣除，以居民个人一个纳税年度的应纳税所得额为限额。如果一个纳税年度扣除不完，不能结转以后年度扣除。

（二）非居民个人的四项所得

非居民个人的工资、薪金所得，以每月收入额减除费用5000元后的余额为应纳税所得额。劳务报酬所得、稿酬所得、特许权使用费所得以收入减除20%的费用后的余额为收入额。稿酬所得的收入额减按70%计算。劳务报酬所得、稿酬所得、特许权使用费所得，以每次收入额为应纳税所得额。

劳务报酬所得、稿酬所得、特许权使用费所得，属于一次性收入的，以取得该项收入为一次。属于同一项目连续性收入的，以一个月内取得的收入为一次来进行计算。

（三）经营所得

经营所得，以每一纳税年度的收入总额减除成本、费用以及损失后的余额，为应纳税所得额。这里所说的"成本、费用"主要是指生产经营活动中发生的各项直接支出和分配计入成本的间接费用，以及销售费用、管理费用和财务费用。"损失"则是指生产经营活动中发生的固定资产和存货的盘亏、毁损、报废损失，转让财产损失，坏账损失，自然灾害等不可抗力因素造成的损失以及其他损失。

如果取得经营所得的个人，没有综合所得，那在计算其每一纳税年度的应纳税所得额时，应该减除费用6万元、专项扣除、专项附加扣除以及依法确定的其他扣除。其中，专项附加扣除在办理汇算清缴的时候减除。

（四）财产租赁所得

财产租赁所得，每次收入不超过4000元的，减除费用800元。4000元以上的，减除20%的费用，其余额为应纳税所得额。财产租赁所得，以一个月内取得的收入为一次。

（五）财产转让所得

财产转让所得，以转让财产的收入额减除财产原值和合理费用后的余额为应纳税所得额。这里所说的"财产原值"，可以按照以下方法确定。

第一，有价证券为买入价以及买入时按照规定缴纳的有关费用。

第二，建筑物为建造费或者购进价格以及其他有关费用。

第三，土地使用权为取得土地使用权所支付的金额、开发土地的费用以及其他有关费用。

第四，机器设备、车船为购进价格、运输费、安装费以及其他有关费用。

第五，其他财产可以参照上述规定的方法来确定财产原值。

上面提到的"合理费用"，主要是指卖出财产时，按照规定支付的相关税费。

（六）利息、股息、红利所得与偶然所得

利息、股息、红利所得和偶然所得，以每次收入额为应纳税所得额。

此外，个人将其所得对教育、扶贫、济困等公益慈善事业进行捐赠，捐赠额没有超过纳税人申报的应纳税所得额30%的部分，可以从其应纳税所得额中扣除。国务院规定对公益慈善事业捐赠实行全额税前扣除的，以国务院规定为准。

居民个人从中国境外取得的所得，可以从其应纳税额中抵免已在境外缴纳的个人所得税税额，但抵免额不得超过该纳税人境外所得依照个人所得税法规定计算的应纳税额。

第三节 个人所得税申报扣除

一、个人所得税专项附加扣除

2018年12月13日，国务院发布了《关于印发个人所得税专项附加扣除暂行办法的通知》(国发〔2018〕41号)。

《个人所得税专项附加扣除暂行办法》共9章，32条。除总则、保障措施和附则外，主要对子女教育、继续教育、大病医疗、住房贷款利息或者住房租金、赡养老人等6项专项附加扣除做出了相关规定。

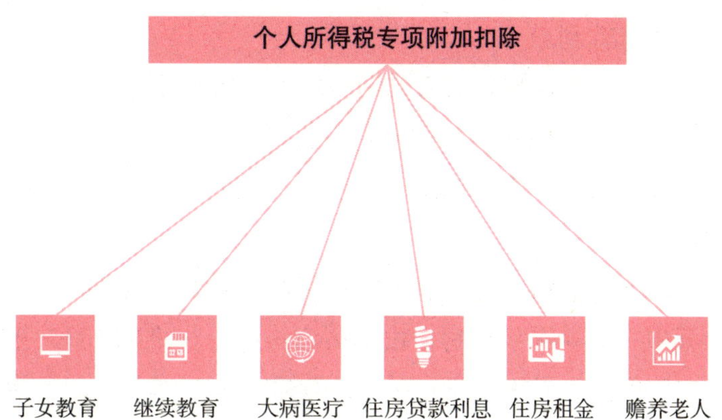

(一)子女教育

纳税人的子女接受全日制学历教育的相关支出，按照每个子女每月1000元的标准定额扣除。父母双方可以选择其中一方按扣除标准的100%扣除，也可以选择由双方分别按扣除标准的50%扣除。但是，具体的扣除方式一旦确定，在一个纳税年度内不能再做变更。这里的“学历教育”包括义务教育(小学、初中教育)、高中阶段教育(普通高中、中等职业、技工教育)、高等教育(大学专科、大学本科、硕士研究生、博士研究生教育)。年满3岁至小学入学前处于学前教育阶段的子女也符合该项规定。

（二）继续教育

纳税人在中国境内接受学历（学位）继续教育的支出，在学历（学位）教育期间按照每月400元定额扣除。同一学历（学位）继续教育的扣除期限不能超过48个月。纳税人接受技能人员职业资格继续教育、专业技术人员职业资格继续教育的支出，在取得相关证书的当年，按照3600元定额扣除。

个人在接受本科及以下学历（学位）继续教育时，符合相关规定扣除条件的，可以选择由其父母扣除，也可以选择由自己本人扣除。

（三）大病医疗

在一个纳税年度内，纳税人发生的与基本医保相关的医药费用支出，扣除医保报销后个人负担（指医保目录范围内的自付部分）累计超过15000元的部分，由纳税人在办理年度汇算清缴时，在80000元限额内据实扣除。

纳税人发生的医药费用支出可以选择由本人或其配偶扣除，未成年子女发生的医药费用支出可以选择由其父母一方扣除。

（四）住房贷款利息

纳税人本人或者配偶单独或者共同使用商业银行或者住房公积金个人住房贷款为本人或者其配偶购买中国境内住房，发生的首套住房贷款利息支出，在实际发生贷款利息的年度，按照每月1000元的标准定额扣除，扣除期限最长不超过240个月。

夫妻双方婚前分别购买住房发生的首套住房贷款，其贷款利息支出，婚后可以选择其中一套购买的住房，由购买方按扣除标准的100%扣除，也可以由夫妻双方对各自购买的住房分别按扣除标准的50%扣除，具体扣除方式在一个纳税年度内不能变更。

此外，纳税人只能享受一次首套住房贷款的利息扣除。

（五）住房租金

纳税人在主要工作城市没有自有住房而发生的住房租金支出，可以按照以下标准定额扣除。

如果是直辖市、省会（首府）城市、计划单列市以及国务院确定的其他城市，扣除标准为每月1500元。除了前述城市外，市辖区户籍人口超过100万人的城市，扣除标准为每月1100元。市辖区户籍人口不超过100万人的城

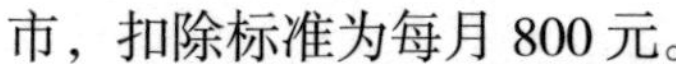

市，扣除标准为每月 800 元。

如果纳税人的配偶在纳税人主要工作城市有自有住房，将视同纳税人在主要工作城市有自有住房。夫妻双方主要工作城市相同的，只能由一方扣除住房租金支出。

此外，纳税人如果无任职受雇单位的，主要工作城市为受理其综合所得汇算清缴的税务机关所在城市。

（六）赡养老人

纳税人赡养一位及以上被赡养人的赡养支出，统一按照以下标准定额扣除。

纳税人为独生子女的，可以按照每月 2000 元的标准定额扣除。纳税人如果为非独生子女，将由其与兄弟姐妹分摊每月 2000 元的扣除额度；同时，每人分摊的额度不能超过每月 1000 元。这里所说的“被赡养人”是指年满 60 岁的父母，以及子女都已经去世的年满 60 岁的祖父母和外祖父母。

在保障措施中，规定：纳税人首次享受专项附加扣除，应当将专项附加扣除相关信息提交扣缴义务人或者税务机关。扣缴义务人应当及时将相关信息报送税务机关，纳税人对所提交信息的真实性、准确性、完整性负责。在专项附加扣除信息发生变化时，纳税人应当及时向扣缴义务人或者税务机关提供相关信息。

二、个人所得税 App 的使用

2019 年 1 月 1 日开始，个人所得税专项扣除政策正式实施。此前一天，由国家税务总局开发的个人所得税 App 软件的专项附加扣除信息填报功能也正式上线。

纳税人可以在个人所得税 App 上填报专项附加扣除信息。如果纳税人在 2018 年 12 月提前填报了专项附加扣除信息，那么，在 2019 年 1 月份发放工资时，就可以享受专项附加扣除。如果纳税人在领取当月工资前，忘记或过晚填报了专项附加扣除信息，那可以在下月或以后月份填报并补扣享受。

个人所得税专项附加扣除的信息填报主要有以下四种形式。

（1）按照各地税务局公告的渠道，下载由国家税务总局开发的个人所得税 App 并填报。

（2）登录各省电子税务局网站，进行信息填报。

（3）在各省税务局网站下载电子信息表，进行填报。

（4）在各省税务总局网站下载打印纸质信息表，进行填报。

税务人员说：当前，居民个人可以通过以下 4 种渠道填报专项附加扣除信息。

1. 自行在“个人所得税”App 填报。

2. 自行在自然人办税服务平台网页填报。

3. 自行到税务局办税服务厅填报。

4. 提交给扣缴单位在扣缴客户端软件填报。

纳税人如果选择在扣缴单位办理专项附加扣除，可以直接将纸质或者电子表单提交给扣缴单位财务部门或者人力资源部门；同时，也可以通过手机 App 或者互联网的网页填写后选择推送给扣缴单位。

下面，我们详细介绍一下使用个人所得税 App 填报专项附加扣除信息的具体流程。

个人所得税 App 的具体操作流程主要可以分为两个部分，一个部分是完善信息，另一个部分则是填报内容。

（一）完善信息

在完善信息部分中，纳税人在下载个人所得税 App 之后，需要填写个人信息、任职受雇信息、家庭成员信息和银行卡信息。

在个人信息中，纳税人需要填写用户基础信息、户籍所在地、经常居住地、联系地址，以及学历、民族、电子邮箱等内容。

在任职受雇信息中，纳税人需要填写单位纳税人识别号、职务、任职受雇日期和离职日期等内容。如果不知道单位纳税人识别号，可以向任职受雇单位的财务部门或人事部门咨询。

在家庭成员信息中，纳税人应该尽可能详细地填写家庭的所有成员，这些信息将被用于专项附加扣除的填报之中。

（二）填报内容

在填报内容部分，纳税人需要根据自身实际情况来填报专项附加扣除。

1. 子女教育内容填报

①在首页中点击“我要填报专项附加扣除”下的“子女教育”选项。

②确认纳税人基本信息准确无误后点击“下一步”。

③根据个人实际情况选择和录入子女的教育信息，其中包括子女的受教育阶段和受教育时间段。完成信息填写后点击“下一步”。

④选择是否有配偶，以及具体的分配方式。如果没有配偶，可以不填写配偶身份信息；如果之前没有添加过配偶信息，可以选择“有配偶”，然后在该页面添加配偶信息。完成信息填写后点击“下一步”。

⑤信息填报完成后，选择申报方式，点击“提交”即可。

注：在“子女教育”专项附加扣除中，同一子女、同一受教育阶段只能保存一条明细，并且，所有明细记录中的“受教育日期起、受教育日期止”都不能有交叉。

2. 继续教育内容填报

①在首页中点击“我要填报专项附加扣除”下的“继续教育”选项。

②确认纳税人基本信息准确无误后点击“下一步”。

③选择扣除年度和继续教育的类型后，点击“下一步”。

④信息填报完成后，选择申报方式，点击“提交”即可。

3. 大病医疗内容填报

①在首页中点击“我要填报专项附加扣除”下的“大病医疗”选项。

②确认纳税人基本信息准确无误后点击“下一步”。

③选择扣除年度、与纳税人的关系；同时，根据实际情况填写个人负担金额，以及医疗支出总金额。完成信息填报后，点击“提交”即可。

4. 住房贷款内容填报

①在首页中点击“我要填报专项附加扣除”下的“住房贷款利息”选项。

②确认纳税人信息基本无误后，需要填写房屋信息和产权证明。产权证明主要包括房屋所有权证、不动产权证、房屋买卖合同、房屋预售合同四项。纳税人需要填写房屋所有权证和不动产权证的证书号码；同时，需要填入房屋买卖合同、房屋预售合同的合同编号。

③选择扣除年度以及贷款方式。可供选择的贷款方式主要有公积金贷款、商业贷款和组合贷款三种，选择其中一项，填写完成后，点击“下一步”。

④选择本人是否为贷款人，以及具体的分配比例。完成后点击“下一步”。

⑤信息填报完成后，选择申报方式，点击“提交”即可。

5. 住房租金内容填报

①在首页中点击“我要填报专项附加扣除”下的“住房租金”选项。

②确认纳税人基本信息准确无误后点击“下一步”。

③选择扣除年度，同时，填写住房租金支出的相关信息。

④出租方可以是自然人，也可以是组织。纳税人需要填写对应类型的出租人信息或是出租单位统一的社会信用代码。完成后点击“下一步”。

⑤信息填报完成后，选择申报方式，点击“提交”即可。

注：2019 年 1 月 20 日，个人所得税 App 更新后，不再强制要求填写出租人的信息。

6. 赡养老人内容填报

①在首页中点击“我要填报专项附加扣除”下的“赡养老人”选项。

②确认纳税人基本信息准确无误后点击“下一步”。

③选择扣除年度和被赡养人信息。完成后点击“下一步”。

④填写“共同赡养人”。如果是独生子女，分配比例全部由本人扣除，不需要填写共同赡养人。如果是非独生子女，需要填写共同赡养人和本年度月扣除额；同时，选择分摊方式。完成后点击“下一步”。

⑤信息填报完成后，选择申报方式，点击“提交”即可。

当前，个人所得税 App 的功能依然在不断完善，具体的专项附加扣除内容的填报方式可能还会发生变化。因此，纳税人应时刻关注个人所得税 App 的内容变更，及时完善信息，做好填报工作，这样才能更好地享受到减税福利。

三、个人所得税应纳税额计算

自 2019 年 1 月 1 日起，纳税人在计算个人所得税应纳税所得额时，在 5000 元基本减除费用扣除，以及“三险一金”等专项扣除外，还可以享受子女教育、继续教育、大病医疗、住房贷款利息或住房租金，以及赡养老人等 6 项专项附加扣除。由此，在具体的个人所得税应纳税额的计算上，也出现了一些变化。纳税人应纳税额的计算公式如下所示：

应纳税额 =（税前收入 – 三险一金 – 基本减除费用 – 专项附加扣除 – 依

法确定的其他扣除）× 适用税率 – 速算扣除数

下面，我们通过具体案例来进行实操分析。

大龄单身男青年小王在一家餐饮公司工作，作为独生子的他不仅要承担每月1500元的房租压力，还要赡养年过60岁的父母。小王的月薪在扣除保险金等项目后还剩下8500元，对于在北京工作的人来说，这并不算是一份太高的工资。因此，小王打算攻读在职研究生，来提高自身能力，谋求更好的职位和薪资。

现在，我们来计算小王的个人所得税应纳税额。在不计算专项附加扣除之前，小王需要缴纳的个人所得税为：

（8500–5000）× 10%–210=140 元

这是在没有增加专项附加扣除前，小王每月应缴纳的个人所得税为 140 元。现在，增加专项附加扣除，再看看小王需要缴纳多少个人所得税。

小王的专项附加扣除项目 = 住房租金 + 赡养父母 + 继续教育

小王的专项附加扣除 =1500 + 2000 + 400 = 3900 元

在增加专项附加扣除之后，再计算小王需要缴纳的个人所得税时，就需要扣除掉专项附加扣除的金额，即：

8500 – 3900 = 4600 元

由于没有达到 5000 元的基本减除费用，所以，在增加了专项附加扣除后，小王就不需要缴纳个人所得税了。

小王的上司小陈年龄与小王相仿，却早已结婚生子。小陈与妻子小孙有一个女儿正在上一年级，除了每天要照顾女儿外，因为都是独生子女，小陈和小孙还要照顾四位已经年过60岁的父母。除了这些基本的压力外，小陈和小孙还共同担负着一套房的贷款。

小陈的工资每月减除掉保险金等扣除项目后还剩下15000元，妻子小孙的工资每月减除掉保险金等扣除项目后还剩下10000元。经过商议后，夫妻二人决定子女教育和住房贷款的专项附加扣除都由丈夫扣除。

现在，我们来计算小陈的个人所得税应纳税额。在不计算专项附加扣除之前，小陈需要缴纳的个人所得税为：

（15000–5000）×10%–210=790 元

现在，增加专项附加扣除，我们来计算小陈需要缴纳的个人所得税。小陈的专项附加扣除包括赡养父母、子女教育和住房贷款三部分，共计 4000 元。

（15000–5000–4000）×10%–210=390 元

通过计算，可以得出：在增加了专项附加扣除后，小陈需要缴纳的个人所得税为每月 390 元。

下面，我们再来计算小陈妻子小孙每月需要缴纳的个人所得税。同样，我们先将专项附加扣除排外，小孙需要缴纳的所得税为：

（10000–5000）×10%–210=290 元

现在，增加专项附加扣除，我们再来计算小孙需要缴纳的个人所得税。由于小孙和丈夫协商决定将子女教育和住房贷款的专项附加扣除交由丈夫扣除，所以，小孙的专项附加扣除只剩下赡养父母这一项，为 2000 元。

（10000–5000–2000）×3%=90 元

通过计算，可以得出：小孙需要缴纳的个人所得税为每月 90 元。

可以看出，在增加了专项附加扣除后，小陈和小孙夫妇二人每月可以少缴纳 600 元的个人所得税。

第八章

其他税种实操管理

关税

土地使用税

土地增值税

资源税和环境保护税

房地产税

车船税和车辆购置税

契税和印花税

烟叶税和耕地占用税

城市维护建设税和教育费附加

第一节 关税

一、2019 年关税新变化

自 2019 年 1 月 1 日起，《2019 年进出口暂定税率等调整方案》（以下简称《方案》）开始实施。《方案》对进口最惠国税率、关税配额税率、协定税率、特惠税率、出口关税税率等进行了调整，主要表现在以下几个方面。

（一）进口关税税率调整

1. 最惠国税率

从 2019 年 1 月 1 日起，对 706 项商品实施进口暂定税率。自 2019 年 7 月 1 日起，取消 14 项信息技术产品进口暂定税率，同时缩小 1 项进口暂定税率适用范围。

自 2019 年 7 月 1 日起，对《中华人民共和国加入世界贸易组织关税减让表修正案》附表所列信息技术产品最惠国税率，实施第四次降税。

注：最惠国税率是某国的来自其最惠国的进口产品享受的关税税率。一般来说，最惠国税率不得高于现在或将来来自第三国同类产品所享受的关税税率。

2. 关税配额税率

继续对小麦等 8 类商品实施关税配额管理，税率保持不变。其中，对尿素、磷酸氢铵和复合肥 3 种化肥的关税配额税率，继续实施 1% 的进口暂定税率。同时，对配额外进口的一定数量的棉花，继续实施滑准率，并进行适当调整。

注：关税配额税率主要针对关税配额管理的进口货物。在关税配额内的，适用关税额税率。在关税配额外的，按不同情况分别适用最惠国税率、协定税率、特惠税率或普通税率。

3. 协定税率

根据我国与有关国家或地区签署的贸易或关税优惠协定，自 2019 年 1 月 1 日起，除此前已经报国务院批准的协定税率降税方案继续实施外，对我国与新西兰、秘鲁、哥斯达黎加、瑞士、冰岛、韩国、澳大利亚、格鲁吉亚以及亚太贸易协定国家的协定税率进一步降低。

当最惠国税率低于或是等于协定税率时，需要按相关协定的规定来执行。

注：协定税率主要指协定关税制度中规定的税率，其是一国根据其与别国签订的贸易条约或协定而制定的关税税率。

4. 特惠税率

根据亚太贸易协定规定，对亚太贸易协定项下的特惠税率进一步降低。

注：对原产于与中华人民共和国签订含有特殊关税优惠条款的贸易协定的国家或者地区的进口货物，适用特惠税率。

（二）出口关税税率调整

从 2019 年 1 月 1 日起，继续对铬、铁等 108 项出口商品征收出口关税或实行出口暂定税率，税率维持不变。同时，取消 94 项出口暂定税率。

此外，2019 年一些具体税目的关税也有一些变化。

根据国务院 2018 年第四次常务会议决定，从 2018 年 5 月 1 日起，对部分药品进口关税进行调整。为满足患者对进口药品的需求、保障进口药品的供应、人民的健康水平，此次调整将会取消 28 项药品的进口关税。在调整之后，除安宫牛黄丸等我国特产药品、部分生物碱类药品等少数品种外，绝大多数进口药品，尤其是有实际进口的抗癌药都将实现零关税。

根据国务院 2018 年第十次常务会议决定，从 2018 年 7 月 1 日起，降低日用消费品进口关税。经国务院批准，从 2018 年 7 月 1 日起，降低部分日用消费品的最惠国税率，其中包括 1449 个税目，平均税率从 15.7% 降为 6.9%，平均降幅达 55.9%。同时，经国务院批准，从 2018 年 7 月 1 日起，将税率分别为 25%、20% 的汽车整车关税降至 15%，降税幅度分别为 40%、25%。将税率分别为 8%、10%、15%、20%、25% 的汽车零部件关税降至 6%，平均降税幅度 46%。

经国务院批准，从 2018 年 7 月 1 日起，对大米税目税率进行调整。大米税目改按粒型划分为“长粒米”和“其他”，共包括 14 个税目。税目调整后，大米的最惠国税率、关税配额税率和普通税率不会受到影响。根据世界贸易组织、世界海关组织的相关规则和双边自由贸易协定，此次税目调整还明确了有关国家进口货物适用的协定税率。其中，自东盟进口的稻谷、整粒米、碎米、大米细粉、大米粗粉粗粒适用的协定税率分别为50%、50%、5%、40%、5%。

调整部分商品的进出口关税，有利于发挥好关税统筹利用国内国际两个市场、两种资源的重要职能，更有利于统筹协调国内相关产业的稳定发展、推动开放合作、促进我国对外贸易的持续稳定增长。

二、中华人民共和国关税制度

中华人民共和国关税制度是一个总称，其主要包含三个方面的内容。首先，《中华人民共和国海关法》及相关条款是构成关税制度的框架和基本原则。其次，《中华人民共和国进出口关税条例》和《中华人民共和国海关进出口税则》是其重要组成部分。最后，由中华人民共和国海关总署或由海关总署会同国务院的其他有关部门，为实施海关法、关税条例和税则而制定的具体规定，是关税制度的重要补充。这三个方面的内容，彼此间相互联系，相辅相成，共同构成了中华人民共和国的关税制度。

中国的关税古已有之，在西周时期，由于经济发展的需要，不同地区的人与人之间贸易往来频繁，在城门处便出现了“关”这样的管理机构。到了战国时期，关税已经成为国家的重要财政来源。关于秦汉时期的关税征收，史料记载并不详尽。魏晋南北朝时期，关税的征收并不稳定，但种类却不断丰富。隋朝建立后，开始废除各种关市税和商税，这种无关津之税的情况一直持续到唐朝的安史之乱时。安史之乱之后，为了支撑战争支出，开始逐渐征收关市之税；同时，关税的种类也开始逐渐增多。中国的海关税也是从唐朝时期开始出现的。宋、元时期对海关的征税都比较重视，主要以市舶税为主。到了明朝，关税的征收则主要依靠境内关税。

1840年鸦片战争之后，中国的关税开始成为协定关税。在这一阶段，中国的关税主权遭到严重侵害，完全丧失了海关税税则的制定权。

1949年，中华人民共和国成立，中国的关税才真正恢复了原有的作用。改革开放40多年来，中国的关税总水平不断降低。在加入世界贸易组织之后，中国的税则税目在设置上也变得更加精细化和科学化，关税结构不断优化，关税制度也越来越完善。

在中华人民共和国成立后不久，政务院便制定颁布了《中华人民共和国暂行海关法》，从 1951 年 5 月 1 日开始实施。此后，《中华人民共和国海关进出口税则》及其实施条例颁布，从 1951 年 5 月 16 日开始实施。作为中华人民共和国第一部独立的专门的海关税法，《中华人民共和国海关进出口税则》统一了全国的关税制度。一直到 1985 年 3 月，为了适应新的经济发展形势的需要，《中华人民共和国海关进出口税则》才退出了历史舞台。

1985 年 3 月，国务院发布了《中华人民共和国进出口关税条例》。1987 年 1 月，第六届全国人大常委会第十九次会议通过了《中华人民共和国海关法》，并废止了《中华人民共和国暂行海关法》。与此同时，1987 年 9 月，国务院重新修订并发布了《中华人民共和国进出口关税条例》。1992 年，国务院第二次修订并发布了《中华人民共和国进出口关税条例》。

2003 年，国务院发布《中华人民共和国进出口关税条例》，自 2004 年 1 月 1 日起施行，1992 年 3 月 18 日国务院修订发布的《中华人民共和国进出口关税条例》同时废止。根据 2011 年 1 月 8 日的《国务院关于废止和修改部分行政法规的决定》，《中华人民共和国进出口关税条例》第一次修订。根据 2013 年 12 月 7 日的《国务院关于修改部分行政法规的决定》，《中华人民共和国进出口关税条例》第二次修订。根据 2016 年 2 月 6 日的《国务院关于修改部分行政法规的决定》，《中华人民共和国进出口关税条例》第三次修订。根据 2017 年 3 月 1 日的《国务院关于修改和废止部分行政法规的决定》，《中华人民共和国进出口关税条例》第四次修订。

三、关税的基本知识

关税是指一个国家的海关根据该国法律规定，对通过其关境的进出口货物课征的一种税收。

对于那些贸易发达国家来说，关税是国家税收的主要收入。政府可以对进出口商品征收关税，相比于出口商品的关税，进口关税对国家财政收入的影响更为重要。

（一）关税的种类

按照不同的划分方法，关税可以分为不同的种类。

1. 按照征税对象划分

按照征税对象来划分，关税可以分为进口关税、出口关税和过境关税。

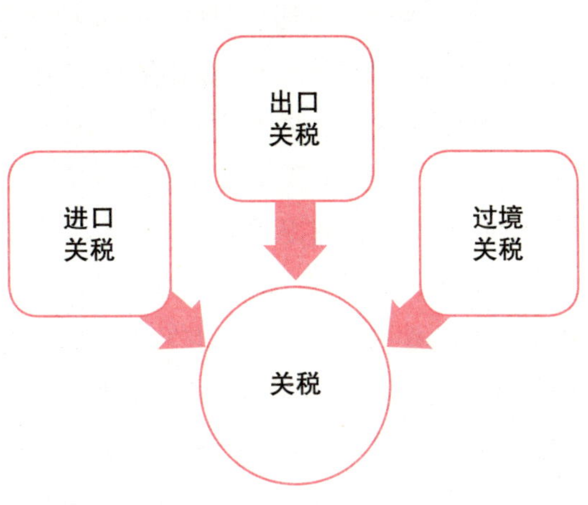

①进口关税：主要是对从国外转入本国的货物所征收的一种关税。可以在货物进入国境时征收，也可以在货物从海关保税仓转出进入到国内市场时征收。进口关税是各国征收关税中最为重要的一种。

②出口关税：主要是对从本国出口货物在运出国境时征收的一种关税。一些发达国家为了能够增强本国产品在世界上的竞争力，都选择取消了出口关税。

③过境关税：主要是对外国经过一国国境，将货物运往另一国时所征收的关税。由于过境货物对本国市场并不会产生影响，所以，很多国家都没有征收过境关税。当前，只有伊朗和委内瑞拉等少数国家在征收过境关税。

2. 按照征税目的划分

按照征税目的的不同，可以分为财政关税和保护关税两种。

①财政关税：其主要目的是增加财政收入。

②保护关税：其主要目的是保护本国工农业生产而征收的关税。

3. 按照来源国别或地区划分

按照货物来源国别或地区不同来划分，关税可以分为普通关税、最惠国关税、协定关税、特定优惠关税和普通优惠关税。

①普通关税：又被称为一般关税，这种关税的税率通常是比较高的，主要是对和本国没有签署贸易或经济优惠等友好协定的国家原产的货物所征收的非优惠性关税。对于没有签订最惠国待遇贸易协定的国家和地区，在进行关税征收时，也会使用普通关税。

②最惠国关税：主要适用于原产于我国共同适用最惠国待遇条款的 WTO 成员的进口货物，或者是原产于我国与我国签订有相互给予最惠国待遇条款的双边贸易协定国家或地区的进口货物。

这种税率会比普通税率低一些，但通常会高于特惠关税税率。所以，虽然表面上说是最惠国关税，但实际上也不是最为优惠的关税。在一些特殊情况下，最惠国税率要比普通税率低上很多。

③协定关税：主要是指两个或两个以上的国家或地区，通过缔结条约或贸易协定的方式，来相互给予某种优惠待遇的一种关税制度。

④特定优惠关税：也被称为特惠关税，是给予来自特定国家或地区的进口货物排他性的优惠关税。非特定国家不得根据最惠国待遇条款来要求享受这种优惠关税。一般来说，特惠税的税率要低于最惠国税率和协定税率，中国主要对一些世界上最不发达的国家和地区的一些商品实行特定优惠关税。

⑤普通优惠关税：主要是指发达国家或地区对从发展中国家或地区输入的商品，给予普遍的、非歧视和非互惠的优惠关税。

无论是在发达国家，还是在发展中国家，关税都是一种重要的税种，在政府财政和宏观经济调控方面都发挥着重要作用。

（二）关税的征收

关税的征收对象是准许进出境的货物和物品。其中，货物指的是贸易性的商品；而物品则不仅包括入境旅客随身携带的行李和物品，还包括个人邮寄物品、各类运输工具上服务人员携带的进口自用物品，以及通过其他方式进入国境的个人物品。

在纳税人方面，关税纳税人贸易性进出口货物的纳税人指的是进出口货物的收货人、发货人，以及进出口货物的代理人。其中，包括外贸进口公司、工贸或农贸相结合的进出口公司，以及其他经批准经营进出口商品的企业。

非贸易性进出口货物的纳税人则是指进出境物品的所有人（包括该货物的所有人），以及推定为所有人的人。具体来说，包括入境旅客随身携带行李和物品的携带人，运输工具上服务人员入境时携带自用物品的持有人，馈赠物品以及以其他方式入境的个人物品的所有人，进口个人邮件的收件人。

明确了关税的纳税人和具体征收对象后，还需要了解的就是关税的征收方法。在具体税款计算时，标准不同，具体的计算方法也会有所不同。一般来说，包括以下几种类型。

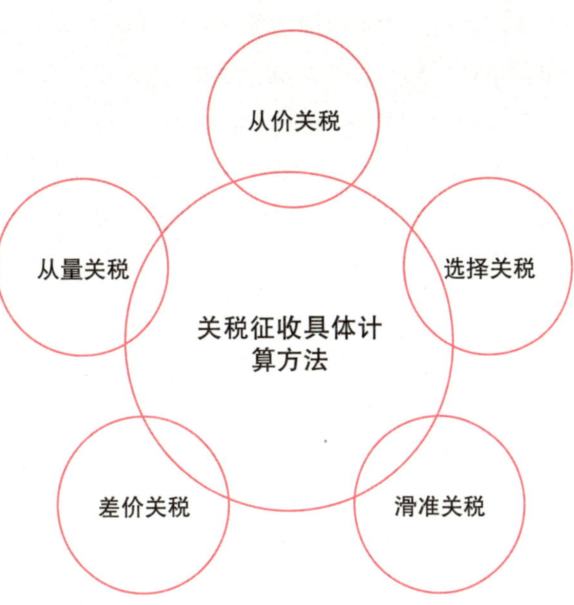

①从量关税：主要是根据商品的数量、重量、容量、长度和面积等计量单位为标准来征收的关税。这种关税征收方法不会因为商品价格的变化而导致税额改变，因此，在计算起来会较为简单。具体计算公式为：

应纳税额 = 应税进口货物数量 × 关税单位税额

②从价关税：主要是按照进出口货物的价格为标准来计征的关税。这里所说的价格是指进出口商品的完税价格，因此，在计算关税时，需要首先确定货物的完税价格。具体计算公式为：

应纳税额 = 应税进口货物数量 × 单位完税价格 × 适用税率

③复合关税：又被称为混合税，是对进口商品既征从量关税，又征从价关税的一种征税方法。这种关税在征收时，一般以从量征税为主，在此基础上再加征从价税。具体计算公式为：

应纳税额 = 应税进口货物数量 × 关税单位税额＋应税进口货物数量 × 单位完税价格 × 适用税率

④选择关税：在税则中，对同一税目固定从价和从量两种税率，在具体征税中，由海关选择具体计征方法。

⑤滑准关税：是指关税的税率会跟随进口商品价格的变动，而发生反方向变动的一种税率形式。也就是说，进口商品价格越高，税率就越低。在滑准关税中，进口商品应纳关税税额的计算方法与从价关税的计算方法是相同的。

⑥差价关税：也被称为差额税，是按照进口货物价格低于国内同类货物价格的差价额来确定税率的一种关税。

相比于其他税额计算方法，滑准税在计算时较为复杂。在 1997 年 10 月

1日到加入世贸组织前这段时间，我国曾对进口的新闻纸实行过滑准税，一直到2003年才改为从价税。而从2005年5月开始，我国对关税配额外棉花进口配额征收滑准税，税率滑动范围为5%~40%。

在2014年，为了保证国内棉花市场供需平衡，我国对关税配额外进口一定数量的棉花继续实施滑准税；同时，调整滑准税两个参数，适当提高了中等级别棉花的使用税率。在《中华人民共和国进出口税则（2019）》中，则适当降低了棉花的滑准税。

对于配额外进口的一定数量棉花，适用滑准税形式暂定关税，具体的计算方式如下所述。

①当进口棉花完税价格高于或等于15.000元/千克时，按0.300元/千克计征从量税。

②当进口棉花完税价格低于15.000元/千克时，暂定从价税率按照“Ri=9.45/Pi+2.6%×Pi－1”计算，将上述计算结果四舍五入后保留3位小数。这之中，Ri为暂定从价税率，按照上述公式计算，如果数值高于40%，Ri的数值为40%。Pi为关税完税价格，以“元/千克”为单位。

四、关税完税价格的计算

涉及进出口贸易的企业，一定会接触到关税，想要详细了解关税，一些必要的知识就一定要掌握。这之中，关税完税价格就是一个重要的内容，想要真正了解关税，这个概念是必须要了解的。

关税完税价格是海关规定的对进出口货物计征关税的时候所使用的价格。《中华人民共和国进出口关税条例》中对完税价格进行了界定。其中，进口货物以进口货物运达我国输入地点的到岸价格为完税价格；而出口货物则以海关审核确定的货物售与国外的离岸价格、扣除出口税，作为完税价格。

在了解关税完税价格之前，需要先了解几个重要的概念。

①FOB：离岸价格。这是指从起运地到目的地的运输费和保险费由买方承担，不计入结算价格之中的销货价格。离岸价格可以将货物装船为止的费用和风险都转移给买方，对于卖方而言是有利的。

②CFR：离岸价格和运费。这是指装运港船上交货，货物运到指定目的地港所需要的费用，由卖方支付。这种方式的风险在装运港船上交货的时候

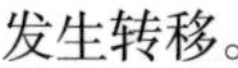

发生转移。

③ CIF：离岸价格、运费和保险费。这种方式货物价格的构成包括从装运港到目的地港的通常运费和保险费，与此同时，卖方还需要为买方办理货运保险，并支付保险费。一般来说，卖方投保的保险金额会按照 CIF 的价格加成 10%。如果双方没有特殊约定具体险别的话，卖方则只需要取得最低限度的保险险别就可以。

了解了这些对外贸易中的重要理论，下面再来看具体的关税完成价格主要包括哪些内容。

根据《中华人民共和国海关审定进出口货物完税价格办法》的规定，进口货物的完税价格由海关以该货物的成交价格为基础来审查确定；同时，应当包括货物运抵中华人民共和国境内输入地点起卸前的运输及相关费用和保险费。也就是说，上面提到的 CIF 是审查确定的基础。除了这些项目，在确定关税完税价格时，还会包括一些其他项目，如由买方负担佣金和经纪费用，由买方负担的与该货物一体的容器费用，由买方负担的包装材料和包装劳务费用，由买方直接支付或间接支付的特许权使用费用，以及进口前的相关税金。

上述提到的内容都是进口货物完税价格的影响因素，海关在审查确定完税价格时，会综合考量这些因素。而海关在确定出口货物的完税价格时，主要以该货物向境外销售的成交价格为基础进行审查确定。这之中主要包括货物运达我国境内输出地点装载前所发生的运输及相关费用和保险费，但不包括离境口岸到境外口岸之间的运输费用和保险费用，也不包括出口关税税额。此外，出口货物成交价格中，如果含有支付给境外的佣金且单独列明时，应该予以扣除。

第二节　土地使用税

一、2019 年，《中华人民共和国土壤污染防治法》施行

2018 年 8 月 31 日，第十三届全国人大常委会第五次会议全票通过了《中华人民共和国土壤污染防治法》(以下简称《土壤污染防治法》)，该法自 2019 年 1 月 1 日起施行。

作为我国第一部土壤污染防治法，《土壤污染防治法》的出台表明了政府保护土壤环境的决心，并且明确了土壤污染防治坚持“预防为主、保护优先、分类管理、风险管控、污染担责、公众参与”的原则，建立了农用土地分类制度，并对具体的违法行为制定了详细的处罚措施。

《土壤污染防治法》的出台是从中国切实国情出发的，也与土壤污染的特征息息相关。不同于大气污染和水污染，土壤污染不仅具有隐蔽性，同时还具有滞后性，许多被污染的土壤并不会很快显现出来，需要至少十年甚至以上时间才能显现。而长年累月的污染物堆积，又会对土壤造成更为严重的影响。

关于土壤污染的防治，在我国的其他法律中就有所提及，但一般都比较分散，而且多侧重于预防。对于土壤中已经存在的污染如何治理，如何规范土壤污染的行为，这些问题都需要制定一部专门的法律来规范和解决。

《土壤污染防治法》共七章、九十九条，除了明确了土壤污染防治的基本原则，还在土壤污染预防和保护方面做出了明确规定。其中，该法规定设区的市级以上地方人民政府生态环境主管部门应该按照国务院生态环境主管部门的规定，同时根据有毒有害物质排放的情况，制定出自身行政区域内土壤污染重点监管单位名录，向社会公开，并及时保持更新。具体的重点监测对象如下所述。

（1）对以下农用地地块进行重点监测。

①产出的农产品污染物含量超标的。

②作为或者曾作为污水灌溉区的。

③用于或者曾用于规模化养殖，固体废物堆放、填埋的。

④曾作为工矿用地或者发生过重大、特大污染事故的。

⑤有毒有害物质生产、贮存、利用、处置设施周边的。

⑥国务院农业农村、林业草原、生态环境、自然资源主管部门规定的其他情形。

（2）对以下建设用地地块进行重点监测。

①曾用于生产、使用、贮存、回收、处置有毒有害物质的。

②曾用于固体废物堆放、填埋的。

③曾发生过重大、特大污染事故的。

④国务院生态环境、自然资源主管部门规定的其他情形。

各级人民政府生态环境主管部门除了要担负监督管理职责外，还需要会同有关部门、基层群众性自治组织以及当地新闻媒体，加强土壤污染防治宣传教育和科学普及工作。在增强公众土壤污染防治意识的同时，引导公众去依法参与土壤污染防治工作。

此外，《土壤污染防治法》还规定国务院生态环境主管部门需要根据土壤污染状况、公众健康风险、生态风险和科学技术水平，并按照土地的用途，制定出国家土壤污染风险管控标准，加强土壤污染防治标准体系建设。

对于国家土壤污染风险管控标准中没有作出规定的项目，省级人民政府也可以制定地方的土壤污染风险管控标准。对于存在于国家土壤污染风险管控标准中的项目，省级人民政府可以制定严于国家土壤污染风险管控标准的地方土壤污染风险管控标准。当然，省级人民政府制定的地方土壤污染风险管控标准，需要上报国务院生态环境主管部门备案。

《土壤污染防治法》还规定，国家需要建立起农用地分类管理制度，按照土壤污染程度和相关标准将农用地块分类，按照优先保护类、安全利用类和严格管控类来对不同土地进行不同举措的管理，并明确了相应的风险管控和修复要求。

除了对土壤污染防治的风险和标准进行规定，《土壤污染防治法》还对造成土壤污染的违法行为制定了详细的处罚措施。

（1）对于未依法履职的负有土壤污染防治法监督管理职责的部门，对直接负责的主管人员和其他责任人员依法给予处分。应依法对违法行为做出行政处罚而未做出的，由上级部门直接做出行政处罚的决定。

（2）对于违反土壤污染防治法的规定的，由地方人民政府生态环境主管部门或者其他负有土壤污染防治监督管理职责的部门责令改正，处以罚款。对于拒不改正的，责令其停产整治。

《土壤污染防治法》的出台和实施，是贯彻党中央有关土壤污染防止的决策部署，也有利于中国特色社会主义法律体系的构建，对于生态环境保护和污染防治具有重要意义。

二、土地使用税的演变

为了规范土地使用，1988 年 9 月 27 日，国务院发布了《中华人民共和国城镇土地使用税暂行条例》。

伴随着中国经济的迅速发展，以及土地有偿使用制度的实施，土地使用需求不断增加，土地价值也逐渐攀升，这就使得 1988 年的《中华人民共和国城镇土地使用税暂行条例》中规定的税额标准不再适应当时的实际情况。

根据 2006 年 12 月 31 日的《国务院关于修改〈中华人民共和国城镇土地使用税暂行条例〉的决定》,《中华人民共和国城镇土地使用税暂行条例》第一次修订，并从 2007 年 1 月 1 日起开始施行。2006 年修订的《中华人民共和国城镇土地使用税暂行条例》与 1988 年的《中华人民共和国城镇土地使用税暂行条例》相比，主要在两个方面进行了修订：第一是将税额幅度提高了两倍，第二是将征税对象扩大到了外商投资企业、外国企业和外籍个人。

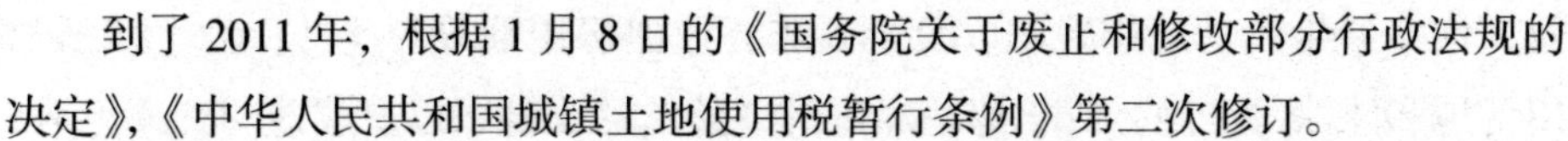

到了2011年，根据1月8日的《国务院关于废止和修改部分行政法规的决定》，《中华人民共和国城镇土地使用税暂行条例》第二次修订。

2013年，根据12月7日的《国务院关于修改部分行政法规的决定》，《中华人民共和国城镇土地使用税暂行条例》第三次修订。此次修订，将《中华人民共和国城镇土地使用税暂行条例》第七条中的“由省、自治区、直辖市税务机关审核后，报国家税务局批准”改为了“由县以上地方税务机关批准”。

土地使用税的开征，有利于完善地方税体系，巩固分税制财政体制，提高地方的财政收入；同时，开征土地税还有利于促进合理使用土地，节约土地资源，提高土地的使用效益。

三、土地使用税的征税对象

对于使用国有土地的单位和个人，需要按照其使用土地的面积来定额征税，这种税就是土地使用税。土地使用税主要向土地的使用人征收，是一种以土地面积为课税对象、以有偿占用为特点的行为税。

土地使用税采用有幅度的差别税额，并且只在县以上城市开征，非开征地区城镇使用土地则不需要征收土地使用税。大、中、小城市和县城每平方米土地的年税额会有所不同，为了防止长期征地而不使用，以及多占土地现象的发生，往往会在规定税额的2到5倍范围内加成征税。

土地使用税的征税范围是城市、县城、建制镇和工矿区等。在这里，城市主要是指那些经过国务院批准而建立的市，既包括市区，也包括郊区。而县城则是指人民政府所在地的城镇。建制镇则是经过省、自治区、直辖市人民政府批准设立的建制镇。工矿区是指工商业发达、人口集中、符合国务院规定的建制镇标准，但因为各种原因还没有设立建制镇的大中型工矿企业的所在地。工矿区的认定需要经过省、自治区、直辖市人民政府的批复，而城市、县城、建制镇和工矿区的具体征税范围，同样要经由各省、自治区和直辖市人民政府划定。土地使用税应该在这一基础上实施征收。

对于公园、名胜、寺庙，以及文化教育、卫生和社会福利等单位所使用的土地，免征土地使用税。同样免征土地使用税的还有城镇、街道、公共设施用地、铁路、机场、港区、车站、管理交通运输用地和水利工程，农、林、牧、渔、果生产基地用地，以及个人非营业建房用地等。此外，为了鼓励利用荒地和滩涂等土地，对于那些经过批准整治的土地，以及改造的荒废土地，将会给予10年期限的免税。

在具体征收方面，土地使用税采用定额税率，也就是前面提到的有幅度的差别税额。在划分上，主要是以大、中、小城市和县城、建制镇、工矿区来划分的。不同标准的土地每平方米每年需要缴纳的土地使用税税额也是各不相同的。

土地标准	土地使用税税额
大城市	1.5元到30元
中等城市	1.2元到24元
小城市	0.9元到18元
县城、建制镇、工矿区	0.6元到12元

（1）在确定城市规模时，需要以公安部门登记在册的非农业户口人数作为依据，按照《中华人民共和国城市规划法》中的规定标准来进行划分。具体来说，人口在50万以上的城市属于大城市，人口在20万到50万之间的城市属于中等城市，人口在20万以下的城市属于小城市。

（2）在确定具体税额时，各级省、自治区、直辖市人民政府可以根据自身市政建设情况和经济繁荣情况，在规定的税额幅度之内，自主确定所辖地区的适用税额幅度。一些经济落后地区，土地使用税的适用税额标准可以相应降低，但降低额不能超过规定最低税额的30%。经济发达地区可以相应提高适用的税额标准，但需要上报财政部批准。

四、土地使用税的税额计算和减免规定

在城市、县城、建制镇、工矿区范围内使用土地的单位和个人，需要依法缴纳土地使用税。这里所说的单位不仅包括国有企业、集体企业、私营企业、股份制企业、外商投资企业、外国企业及其他企业单位，同时还包括事业单位、社会团体、国家机关、军队以及其他单位。这里提到的个人则主要是指个体工商户和其他个人。

在计算土地使用税时，需要以实际占用的土地面积作为计税依据；同时，需要根据规定的税额来计算征收。有关土地占用面积的测量工作，一般都是

由省、自治区、直辖市的人民政府根据实际情况来进行确定。

对于省、自治区、直辖市的人民政府还没有组织测量，但纳税人持有政府部门核发的土地使用证书的，以证书确认的土地面积为准。对于尚未核发土地使用证书的，应该由纳税人如实申报土地面积。

城镇土地使用税的计算公式为：

应纳城镇土地使用税额 = 应税土地的实际占用面积 × 适用单位税额

这里提到的使用单位税额，就是前面所列举的“大城市 1.5 元到 30 元，中等城市 1.2 元到 24 元，小城市 0.9 元到 18 元，县城、建制镇、工矿区 0.6 元至 12 元”。当然，不同地区的土地使用税适用单位税额也会有所不同，具体情况需要根据省、自治区、直辖市人民政府确定的标准为主。

在具体征收时，城镇土地使用税采取按年征收，分期交纳的方法。

根据《中华人民共和国城镇土地使用税暂行条例》规定，一些土地在使用时可以免征城镇土地使用税。主要有以下几种情况。

（1）行政单位、军事单位和社会团体自用的土地。

（2）由国家财政部门拨付事业经费的单位自用土地。

（3）企业兴办的学校、托儿所和幼儿园自用的土地。

（4）非营利性医疗机构、疾病控制机构和妇幼保健机构等医疗和卫生机构自用土地。

（5）非营利性科研机构自用的土地。

（6）符合规定的科学研究机构转为企业和进入企业，从转制注册之日起，7 年内免征科研开发自用土地的城镇土地使用税。

（7）宗教寺庙、公园和名胜古迹自用的土地。这之中不包括附设在这些地区的各类营业单位所使用的土地，比如在公园或名胜古迹自用土地上设立的餐馆等。

（8）市政街道、广场，以及绿化地带的公共用地。

（9）直接用于农、林、牧、渔业的生产用地，水利设施及其护管用地。这之中不包括农副产品加工的场地和生活办公用地。

（10）经批准开山填海整治的土地和改造的废弃土地，从使用月份开始算起，5 到 10 年内可以免征城镇土地使用税。

（11）国家规定可以免征城镇土地使用税的能源、交通用地和其他用地。这主要是指涉及煤炭、石油、天然气、电力、铁路、民航和港口等企业所使用的土地。

（12）行政单位、企业单位、事业单位、社会团体、个人投资兴办的福利性和非营利性老年服务机构自用的土地。

（13）公益性未成年人校外活动场所自用的土地。

除了上述所列举的情况之外，还有一些情况也可以使用土地使用税减免的政策。当然，城镇土地使用税的减免政策并不是一成不变的，它会根据土地使用的实际情况，以及税收征管的具体需求而发生改变。因此，涉及具体的城镇土地使用税的减免政策，应以国务院及其财税主要部门发布的最新政策法规为准。

第三节　土地增值税

一、土地增值税的新变化

2016 年 11 月 10 日，国家税务总局发布了《关于营改增后土地增值税若干征管规定的公告》，对营改增后土地增值税征收管理工作中的若干具体问题进行明确。

第一，对营改增后，土地增值税应税收入确认问题进行了明确。

在营改增后，纳税人在转让房地产时，土地增值税应税收入不含增值税。适用增值税一般计税方法的纳税人，其转让房地产的土地增值税应税收入不含增值税销项税额。而适用简易计税方法的纳税人，其转让房地产的土地增值税应税收入不含增值税应纳税额。

房地产开发企业采取预收款方式销售自行开发的房地产项目的，可以按照以下方法计算土地增值税预征计征依据：土地增值税预征的计征依据 = 预收款 – 应预缴增值税税款。

第二，对营改增后，视同销售房地产的土地增值税应税收入确认问题进行了明确。

纳税人将开发产品用于职工福利、奖励、对外投资、分配给股东或投资人、抵偿债务、换取其他单位和个人的非货币性资产等，如果发生所有权转移，就应视同销售房地产，其收入应按照《国家税务总局关于房地产开发企业土地增值税清算管理有关问题的通知》(国税发〔2006〕187号)第三条规定执行。

纳税人安置回迁户，其拆迁安置用房应税收入和扣除项目的确认，应按照《国家税务总局关于土地增值税清算有关问题的通知》(国税函〔2010〕220号)第六条规定执行。

第三，对与转让房地产有关的税金扣除问题进行了明确。

在营改增之后，计算土地增值税增值额的扣除项目中，“与转让房地产有关的税金”不包括增值税；同时，营改增之后，房地产开发企业实际缴纳的城市维护建设税、教育费附加，凡能够按清算项目准确计算的，可以据实扣除。不能按清算项目准确计算的，应该按照该清算项目预缴增值税时实际缴纳的城市维护建设税和教育费附加扣除。

其他转让房地产行为的城市维护建设税和教育费附加扣除比照上述规定执行。

第四，对营改增前后土地增值税清算的计算问题进行了明确。

房地产开发企业在营改增后进行房地产开发项目土地增值税清算时，可以按照以下方法来确定相关金额。

(1)土地增值税应税收入=营改增前转让房地产取得的收入+营改增后转让房地产取得的不含增值税收入。

(2)与转让房地产有关的税金=营改增前实际缴纳的营业税、城市维护建设税、教育费附加+营改增后允许扣除的城建税、教育费附加。

第五，对营改增后建筑安装工程费支出的发票确认问题进行了明确。

在营改增之后，土地增值税纳税人接受建筑安装服务取得的增值税发票，应该按照《国家税务总局关于全面推开营业税改征增值税试点有关税收征收管理事项的公告》(国家税务总局公告2016年第23号)规定，在发票的备注栏注明建筑服务发生地县(市、区)名称及项目名称。否则，不能计入土地增值税扣除项目金额。

第六，对旧房转让时的扣除计算问题进行了明确。

营改增之后，纳税人在转让旧房和建筑物时，凡是不能取得评估价格，但可以提供购房发票的，《中华人民共和国土地增值税暂行条例》第六条第一项、第三项规定的扣除项目的金额可以按照下列方法计算。

（1）提供的购房凭据为营改增前取得的营业税发票的，可以按照发票所载金额（不扣减营业税）并从购买年度起至转让年度止每年加计 5% 计算。

（2）提供的购房凭据为营改增后取得的增值税普通发票的，按照发票所载价税合计金额从购买年度起至转让年度止每年加计 5% 计算。

（3）提供的购房发票为营改增后取得的增值税专用发票的，按照发票所载不含增值税金额加上不允许抵扣的增值税进项税额之和，并从购买年度起至转让年度止每年加计 5% 计算。

此外，在 2018 年 5 月 16 日，财政部和国家税务总局发布了《关于继续实施企业改制重组有关土地增值税政策的通知》（财税〔2018〕57 号），其中对企业在改制重组过程中涉及的土地增值税政策进行了通知，并规定了一些暂不征收土地增值税的情况。

第一，按照《中华人民共和国公司法》的规定，非公司制企业整体改制为有限责任公司或股份有限公司，有限责任公司（股份有限公司）整体改制为股份有限公司（有限责任公司），对改制前的企业将国有土地使用权、地上的建筑物及其附着物转移、变更到改制后的企业，暂不征土地增值税。

值得注意的是，在上述规定中所提到的"整体改制"，是指不改变企业的投资主体，同时承继原企业权利和义务的行为。

第二，按照法律规定或合同约定，两个或两个以上企业合并为一个企业，且原企业投资主体存续的，对原企业将房地产转移、变更到合并后的企业，暂不征土地增值税。

第三，按照法律规定或合同约定，企业分设为两个或两个以上与原企业投资主体相同的企业，对原企业将房地产转移、变更到分立后的企业，暂不征土地增值税。

第四，单位、个人在改制重组时以房地产作价入股进行投资，对其将房地产转移、变更到被投资的企业，暂不征土地增值税。

上述提到的改制重组中有关土地增值税的政策，并不适用于房地产转移任意一方为房地产开发企业的情形。该项通知从 2018 年 1 月 1 日开始执行，一直到 2020 年 12 月 31 日终止。

二、土地增值税的纳税人及征税范围

对于房地产开发企业来说，土地增值税是一种非常重要的税种。土地增值税是指转让国有土地使用权、地上建筑物及其附着物，并且取得收入的单位和个人，以转让所取得的收入减去法定扣除项目金额后的增值额作为计税依据向国家缴纳的一种税收。在这之中，以继承和赠予方式无偿转让房地产的行为并不包括在土地增值税征税范围之中。

根据《中华人民共和国土地增值税暂行条例》规定，土地增值税的纳税人是转让国有土地使用权，以及地上建筑物及其附着物产权，并取得收入的单位和个人。而其课税对象则是指通过有偿转让国有土地使用权，及地上建筑物和其他附着物产权所取得的增值额。

税务人员说：企业所得税的合理避税技巧，企业所得税的合理避税分析，利用国家的优惠政策合理避税，利用定价转移法合理避税等，都是企业财务、会计、税务人员应该掌握的。

在这里，有几点内容需要注意。

首先，转让的必须是国有土地的使用权，以及其地上建筑物及其附着物产权，才需要缴纳土地增值税。因此，在转让集体土地和耕地时，并不需要缴纳土地增值税。

其次，地上建筑物所指的并非单纯建立在地面上的建筑物，而是指建立在地上的各种设施，以及地下的各种附属设施的总和；而附着物则是指那些附着在土地上、不能移动的物品，既包括植物，也包括一些养殖物或物品。

最后，只有在转让国有土地使用权，并且取得收入之后，单位和个人才需要缴纳土地增值税。也就是说，继承和赠予等无偿方式转让房地产的行为不包括在土地增值的范围之中。而这里所提到的收入，不仅包括转让房产的全部价款，也包括一些相关的经济利益。

土地增值税预征申报报送材料			
序号	材料名称	数量	备注
1	《土地增值税项目报告表（从事房地产开发的纳税人适用）》	3 份	
2	《土地增值税纳税申报表（一）（从事房地产开发的纳税人预征适用）》	2 份	

土地增值税清算申报报送材料 （清算方式为查账征收的纳税人）			
序号	材料名称	数量	备注
1	《土地增值税纳税申报表（二）（从事房地产开发的纳税人清算适用）》	2 份	
2	房地产开发项目清算说明	1 份	包括房地产开发项目立项、用地、开发、销售、关联方交易、融资、税款缴纳等基本情况及主管税务机关需要了解的其他情况
3	项目竣工决算表、取得土地使用权所支付的地价款凭证、国有土地使用权出让合同、银行贷款利息结算通知单、项目工程合同结算单、商品房购销合同统计表、销售明细表、预售许可证等可与转让房地产的收入、成本和费用有关的证明资料	1 份	

以下为条件报送资料			
主管税务机关需要其提供相应项目记账凭证的纳税人，还应报送	记账凭证复印件	1 份	
享受土地增值税优惠的纳税人，还应报送	减免土地增值税证明材料原件及复印件	1 份	

土地增值税清算申报报送材料
（清算方式为核定征收的纳税人）

序号	材料名称	数量	备注
1	《土地增值税纳税申报表（五）（从事房地产开发的纳税人清算方式为核定征收适用）》	2份	报送
2	税务机关出具的核定文书	1份	

具体来说，属于土地增值税征税范围的情况主要有以下几种。

（1）转让国有土地使用权。

（2）取得土地使用权之后，进行房屋开发建造出售的。

（3）抵押期满以房地产抵债，发生权属转让。

（4）存量房地产买卖的。

（5）单位之间交换房地产，存在实物形态收入。

（6）合作建房在建成后转让的。

（7）非公益性赠予或赠予给除直系亲属和直接赡养人以外的。

此外，不属于土地增值税征税范围的情况主要有以下几种。

（1）房地产继承，没有取得收入。

（2）房地产有条件的赠予给特定人群或特定公益群体。

（3）房地产出租，没有发生权属转让。

（4）房地产抵押期内，没有发生权属转让的。

（5）房地产重新评估增值，没有发生权属转移。

（6）房地产的代建行为，没有发生权属转移。

三、土地增值税的税率及应纳税额

（一）土地增值税率

土地增值税采用四级超率累进税率，最低税率为30%，最高税率为60%，税收负担要高于企业所得税。相比于其他税种，土地增值税的增值额是以征税对象的全部销售收入额扣除与其相关的成本、费用、税金及其他项目金额后的余额，这一点与增值税的增值额有一定的区别。土地增值税的税率是根据转让房地产增值率的高低作为依据来进行确认的。按照累进原则设计，实行分级计税。增值率越高，税率就越高，需要缴纳的税款就越多。增值率低的，税率也低，需要缴纳的税款也就更少。

土地增值税应纳税额计算公式为：应纳税额 = 增值额 × 适用税率—扣除项目金额 × 速算扣除系数。

具体的土地增值税税率如下表所示。

土地增值税税率表

级数	计税依据	适用税率	速算扣除率
1	增值额未超过扣除项目金额 50% 的部分	30%	0
2	增值额超过扣除项目金额 50%、未超过扣除项目金额 100% 的部分	40%	5%
3	增值额超过扣除项目金额 100%、未超过扣除项目金额 200% 的部分	50%	15%
4	增值额超过扣除项目金额 200% 的部分	60%	35%

土地增值税这样的税率结构和负担水平，不仅能对正常的房地产开发经营给予较低税率的优惠政策，还能够对取得过高收入，尤其是依靠炒房卖房来获取暴利的单位和个人产生一定的限制作用。

（二）房地产开发企业计算土地增值税扣除项目

对于房地产开发企业来说，在土地增值税计算时，需要扣除的项目主要包括取得土地使用权所支付的金额、房地产开发成本、房地产开发费用、与转让房地产有关的税金和房地产企业加计扣除这五种。

1. 取得土地使用权所支付的金额

取得土地使用权所支付的金额指的是纳税人为取得土地使用权支付的地价款，以及按国家统一规定缴纳的有关费用的总和。在这里，为取得土地使用权支付的地价款主要是指以转让的方式取得土地使用权；而“按国家统一规定缴纳的有关费用”则主要是指纳税人在取得土地使用权过程中办理相关手续，并按国家统一规定缴纳的有关登记、过户手续费和契税。

2. 房地产开发成本

房地产开发成本主要包括土地征用及拆迁补偿费、前期工程费、建筑安装工程费、基础设施费、公共配套设施费、开发间接费用等。在营改增后，土地增值税纳税人接受建筑安装服务取得的增值税发票，需要在发票的备注栏注明建筑服务发生地县（市、区）名称及项目名称。否则，不得计入土地增值税扣除项目金额。

3. 房地产开发费用

房地产开发费用在扣除时，需要按照特定的规则进行扣除。财务费用中的利息支出，只要是能够按转让房地产项目计算分摊，并提供金融机构证明的，就允许据实扣除，但最高不能超过按商业银行同类同期贷款利率计算的金额。其他房地产开发费用，在按照“取得土地使用权所支付的金额”与“房地产开发成本”金额之和的5%以内计算扣除。对于不能按转让房地产项目计算并分摊利息支出，或不能提供金融机构证明的，房地产开发费用在按“取得土地使用权所支付的金额”与“房地产开发成本”金额之和的10%以内计算扣除。全部使用自有资金进行开发，没有利息支出的，同样按照以上方法扣除。

在土地增值税计算时，房地产企业应该考虑两种方法哪种更有利于企业获得利益，从而进行合理的税收筹划。

4. 与转让房地产有关的税金

在营改增后，房地产开发企业实际缴纳的城市维护建设税、教育费附加等凡能够按清算项目准确计算的，允许据实扣除。凡不能按清算项目准确计算的，则按该清算项目预交增值税时实际缴纳的城市维护建设税、教育费附加扣除。

5. 加计扣除

对于从事房地产开发的纳税人，允许按照取得土地使用权时所支付的金额和房地产开发成本之和，加计20%扣除。对于取得土地所有权后，没有开发便转让的，不得加计扣除。此外，县级及以上人民政府要求房地产开发企业在售房时代收的各项费用，作为计税收入的，可以从扣除项目中扣除，但不能作为加计20%扣除的基数。如果这些费用在房价之外单独收取，那就不

能作为计税收入征税，不得在收入中扣除。

四、土地增值税案例实操

（一）土地增值税的预缴实操

我国土地增值税采用先预征、后清算的方式进行征收。《中华人民共和国土地增值税暂行条例实施细则》中规定：“纳税人在项目全部竣工结算前转让房地产取得的收入，由于涉及成本确定或其他原因，而无法据以计算土地增值税的，可以预征土地增值税，待该项目全部竣工、办理结算后再进行清算，多退少补。”也就是说，房地产企业在没有达到清算条件之前，如果取得了预售收入，就需要预征土地增值税。具体而言，根据不同政策法规的规定，企业在计算自身应预缴的土地增值税时，也有两种不同的情况。

首先，根据财务部和国家税务总局发布的《关于营改增后契税 房产税 土地增值税 个人所得税计税依据问题的通知》（财税〔2016〕43号），土地增值税纳税人转让房地产取得的收入为不含增值税收入。

在具体计算时，（1）按照一般计税方法，其计算公式为：

预交土地增值税 = 预收款 ÷（1+10%）× 土地增值税预征率

（2）按照简易计税方法，其计算公式则为：

预交土地增值税 = 预收款 ÷（1+5%）× 土地增值税预征率

其次，根据国家税务总局《关于营改增后土地增值税若干征管规定的公告》（国家税务总局公告2016第70号）规定，为方便纳税人，简化土地增值税预征税款计算，房地产开发企业采取预收款方式销售自行开发的房地产项目，可按照以下方法计算土地增值税预征计征依据：

土地增值税预征的计税依据 = 预收款—应预缴增值税税款

从上述两个政策来看，土地增值税的纳税人在计算预缴土地增值税时，可以用不含税收入乘以预征率，来计算自己应该预缴的土地增值税。同时，还可以使用简化计算的方法，用预收款减去应该预缴的增值税作为计税依据；然后，再以计税依据乘以预征率来计算应该预缴的土地增值税。

下面，我们通过一个具体实例来看一看两种计算预缴土地增值税的方法有何不同。

某房地产公司正在销售商品房，2018年3月份销售非普通住宅时，收到的款项一共有900万元。根据当地税法规定，非普通住宅土地增值税的预征率是2%。现在，这家企业需要预缴2018年3月份的土地增值税。

根据财务部和国家税务总局发布的《关于营改增后契税 房产税 土地增值税 个人所得税计税依据问题的通知》（财税〔2016〕43号），计算出该房地产公司在3月份的预征土地增值税为：

900÷（1+5%）×2%=17.14万元

再根据国家税务总局发布的《关于营改增后土地增值税若干征管规定的公告》（国家税务总局公告2016第70号，以下简称70号文），计算出该房地产公司在3月份的预征土地增值税为：

[900–900÷（1+5%）×3%]×2%=17.48万元

很显然，根据两种不同政策得出的预缴税款结果是不一样的。那么，在销售房地产取得预收款后计算预缴土地增值税时，究竟应该选择哪种预缴税款的计算方法更好呢？

我们知道，房地产企业因为项目运营周期较长，对资金的依赖较重，而房地产企业从预收房款到项目交房需要经历很长时间。因此，在收到预收款之后，预缴的税款越少，对企业是越有利的。但是，在这里，纳税人需要考虑选择预缴较少税款的计算方法是否符合税法规定。

在70号文中，可以看到其中提到“为方便纳税人，简化土地增值税预收税款计算……可按照以下方法计算土地增值税预征计税依据”。从这个“可按照”表述可以判断，在税法政策上，这两种计算预缴土地增值税的方法都是可行的。因此，房地产企业可以选择对自己更为有利的计算方法。但是，从我国当前预征土地增值税税款的实践来看，一些地区的相关部门会要求纳税人以70号文作为计算预缴土地增值税的计算方法。因此，纳税人在进行土地增值税预缴前，最好提前向当地主管税务机关咨询清楚，从而选择适合自己的缴纳方式，避免承担不必要的涉税风险。

（二）土地增值税的清算实操

土地增值税主要以国家有关部门审批的房地产开发项目为单位进行清算，对于分期开发的项目，需要以分期项目作为清算单位。如果开发项目中同时

包含有普通住宅和非普通住宅，则需要分别计算增值额。

在《土地增值税清算管理规程》中，符合下列条件之一的，纳税人就需要进行土地增值税的清算。

①房地产开发项目全部竣工、完成销售的。

②整体转让未竣工决算房地产开发项目的。

③直接转让土地使用权的。

对于满足上述条件的纳税人，应该在满足条件之日起90日内，到主管税务机关办理清算手续。

对于符合下列条件之一的，主管税务机关可以要求纳税人进行土地增值税清算。

①已竣工验收的房地产开发项目，已转让的房地产建筑面积占整个项目可售建筑面积的比例在85%以上，或该比例虽未超过85%，但剩余的可售建筑面积已经出租或自用的。

②取得销售（预售）许可证满三年仍未销售完毕的。

③纳税人申请注销税务登记但未办理土地增值税清算手续的。

④省（自治区、直辖市、计划单列市）税务机关规定的其他情况。

纳税人在进行土地增值税清算时，需要提供的清算资料如下所述。

①土地增值税清算表及其附表。

②房地产开发项目清算说明，主要内容应包括房地产开发项目立项、用地、开发、销售、关联方交易、融资、税款缴纳等基本情况及主管税务机关需要了解的其他情况。

③项目竣工决算报表、取得土地使用权所支付的地价款凭证、国有土地使用权出让合同、银行贷款利息结算通知单、项目工程合同结算单、商品房购销合同统计表、销售明细表、预售许可证等与转让房地产的收入、成本和费用有关的证明资料。主管税务机关需要相应项目记账凭证的，纳税人还应提供记账凭证复印件。

④纳税人委托税务中介机构审核鉴证的清算项目，还应报送中介机构出具的《土地增值税清算税款鉴证报告》。

第四节　资源税和环境保护税

一、资源税新变化

2018 年 3 月 30 日，为了进一步规范资源税征收管理，国家税务总局发布了《资源税征收管理规程》（以下简称《管理规程》），并于 2018 年 7 月 1 日起施行。《管理规程》共包括总则、税源管理、纳税申报及减免管理、部门协作与风险管理和附则 5 个部分，26 条内容。

《管理规程》规定，资源税应纳税额按照应税产品的计税销售额或销售数量乘以适用税率进行计算。计税销售额指的是纳税人销售应税产品向购买方收取的全部价款和价外费用，这里面并不包括增值税的销项税额。计税销售数量则是指从量计征的应税产品销售数量。

《管理规程》特别指出，纳税人在开采或生产不同税目应税产品时，应当分别核算不同税目应税产品的销售额或者销售数量。没有分别核算，或者不能准确提供不同税目应税产品的销售额或者销售数量的，从高适用税率。

此外，原矿和精矿的销售额或者销售量也应当分别核算，没有分别核算的，需要从高确定计税销售额或者销售数量。为公平原矿和精矿之间的税负，对同一种应税产品，征税对象如果为精矿，纳税人在销售原矿时，应该将原矿销售额换算成为精矿销售额缴纳资源税；如果征税对象为原矿，纳税人销售自采原矿加工的精矿，则应该将精矿销售额折算成原矿销售额缴纳资源税。

在税源管理方面，《管理规程》规定，计税销售额或销售数量，主要包括应税产品实际销售和视同销售两部分。其中，视同销售主要包括以下几种情形。

（1）纳税人以自采原矿直接加工为非应税产品的，视同原矿销售。

（2）纳税人以自采原矿洗选（加工）后的精矿连续生产非应税产品的，

视同精矿销售。

（3）以应税产品投资、分配、抵债、赠予、以物易物等，视同应税产品销售。

如果纳税人有视同销售应税产品的行为，但却无销售价格，或者申报应税产品销售价格明显低于正常水平，并无正当理由的，税务机关在确定其应税产品计税价格时，应该按照以下顺序进行。

（1）按纳税人最近时期同类产品的平均销售价格确定。

（2）按其他纳税人最近时期同类产品的平均销售价格确定。

（3）按应税产品组成计税价格确定：组成计税价格＝成本 ×（1+ 成本利润率）÷（1– 资源税税率）。

（4）按后续加工非应税产品销售价格，减去后续加工环节的成本利润后确定。

（5）按其他合理方法确定。

对于一些符合条件的运杂费用，纳税人在计算应税产品计税销售额时，可以予以扣减。一般来说，主要包括以下几种情况。

（1）包含在应税产品销售收入中。

（2）属于纳税人销售应税产品环节发生的运杂费用，具体是指运送应税产品从坑口或者洗选（加工）地到车站、码头或者购买方指定地点的运杂费用。

（3）取得相关运杂费用发票或者其他合法有效凭据。

（4）将运杂费用与计税销售额分别进行核算。

此外，纳税人以自采未税产品和外购已税产品混合销售，或者混合加工为应税产品销售的，在计算应税产品计税销售额时，可以扣减已经单独核算的已税产品购进金额。对于没有单独核算的，要一并计算缴纳资源税。

在计算缴纳方面，资源税主要在应税产品销售或自用环节计算缴纳。纳税人如果以自采原矿加工精矿产品，在原矿移送使用时不需要缴纳资源税，但在精矿销售或自用时需要缴纳资源税。同时，纳税人以自采原矿直接加工为非应税产品或者以自采原矿加工的精矿连续生产非应税产品的，在原矿或精矿移送环节计算缴纳资源税。以应税产品投资、分配、抵债、赠予和以物易物等情况，需要在应税产品所有权发生转移时，计算缴纳资源税。

在资源税减免方面，《管理规程》规定资源税减免实行分类管理。油气企业可以按照规定的减征比例填报；同时，以纳税申报表及附表作为资源税减免备案资料。其他应税产品开采或生产企业，则需要通过备案形式向主管税务机关申报资源税减免。

在资源税代扣代缴方面，《管理规程》规定购买未税矿产品的单位，应当主动向主管税务机关办理扣缴税款登记，依法代扣代缴资源税。资源税代扣代缴的适用范围主要限定在除原油、天然气、煤炭以外的，税源小、零散、不定期开采等难以在采矿地申报缴纳资源税的矿产品。对已纳入开采地正常税务管理或者在销售矿产品时开具增值税发票的纳税人，不采用代扣代缴的征管方式。

《管理规程》的出台可以更好地规范资源税的税收征管，优化纳税服务流程，防止各种涉税风险的发生。作为资源税改革道路上的重要一步，《管理规程》的出台对于资源税改革具有重要意义。

二、资源税的演变

我国的资源税征收，最早可以追溯到1984年。当时，我国主要采用普遍征收、从量定额计征的方式，来对在我国境内从事原油、天然气、煤炭等矿产资源开采的单位和个人征收资源税。我国的矿产资源种类齐全、储量丰富，但也存在人均占有量少、优质矿产资源不足的情况。资源税的征收就是为了促进资源的合理开发利用，防止对资源的乱采滥挖。伴随着我国社会经济发展水平的不断提高，原有的资源税征收方式已经不再适应当前的发展实际。因此，在1994年，我国对资源税进行了改革。

1993年12月25日，国务院发布了《中华人民共和国资源税暂行条例》(以下简称《暂行条例》)，自1994年1月1日起施行。《暂行条例》进一步扩大了资源税的征收范围，将资源税征收划分为原油、天然气、煤炭、其他非金属矿原矿、黑色金属矿原矿、有色金属矿原矿和盐七大类，并实行从量定额征收方式。在21世纪初，中国经济持续发展，这种计税方法同样不再适应当时经济发展的要求。

为了进一步完善资源税制度，在2010年6月1日，我国率先在新疆开展了原油、天然气资源税从价计征改革。很快，在2010年12月1日，油气资源税改革扩大到内蒙古、甘肃、四川、青海、贵州、宁夏等12个西部省区。2011年9月30日，国务院公布了修改后的《暂行条例》，自2011年11月1日起施行。2011年11月1日，油气资源税改革推广到全国范围。2014年12月1日，煤炭资源税从价计征改革开始全面实施，涉煤收费基金被全面清理。到了2015年，资源税从价计征改革又进一步覆盖了稀土、钨、钼3个品目。经过了多年时间的探索，到2016年，资源税改革已经基本建立起了从价计征的机制，并为全面推开资源税从价计征扫清了障碍。

2016年5月9日，财政部和国家税务总局联合发布《关于全面推进资源税改革的通知》(以下简称《通知》)。《通知》宣布自2016年7月1日起，全面推进资源税改革。此后，在2017年11月，财政部、水利部、国家税务总局共同发布《扩大水资源税改革试点实施办法》，决定从2017年12月1日起，进一步扩大水资源税试点范围，除已经开展试点工作的河北省外，北京、天津、山西、河南、山东、四川、宁夏、山西和内蒙古共9个省、市、自治区也开始试点征收水资源税。

2018年12月，资源税法草案首次提请第十三届全国人大常委会第七次会议审议。

资源税改革的全面推进，可以有效发挥税收的调节作用，促进资源的节约利用，有利于中国经济的持续稳定发展。

三、资源税的基本知识

资源税是以各种应税自然资源作为课税对象所征收的一种税，其强调“普遍征收，级差调节”。也就是说，所有开采应税资源的开采者都需要缴纳资源税。其中，开采中等或优等资源的纳税人需要缴纳的资源税要比开采低等资源的纳税人多一些。

资源税的纳税人是在中华人民共和国领域及管辖海域开采应税资源的矿产品或者生产盐的单位和个人。对于进口应税资源产品的单位或个人不征收资源税，对出口应税资源产品的单位和个人也不退还已缴纳的增值税。

在征收范围上，资源税税目主要包括原油、天然气、煤炭、其他非金属矿原矿、黑色金属矿原矿、有色金属矿原矿、盐等七个类别，如右面的表格所示。

税目	
原油	
天然气	
煤炭	焦煤
	其他煤炭
其他非金属矿原矿	普通非金属矿原矿
	贵重非金属矿原矿
黑色金属矿原矿	
有色金属矿原矿	稀土矿
	其他有色金属矿原矿
盐	固体盐
	液体盐

在具体税目上，《中华人民共和国矿产资源法实施细则》中列明了能源矿产、金属矿产、非金属矿产和盐四个大类，146个税目。但是，在《暂行条例》中只列举了二十多种主要的矿产品税目，其他的资源税目则由省级人民政府根据自身实际情况来制定。这种由省级政府制定具体税目的情况，很容易导致税目征收的不公平，因为很有可能同一种矿产品的税率在不同的省份是不同的，这就会造成不同地区企业所面临的税负出现不公平现象。为此，在《中华人民共和国资源税法（征求意见稿）》中，统一列明了全国开征的税目，在让税目和税率更加清晰的同时，也促进了税收的公平。

四、环境保护税新变化

2018 年 1 月 1 日起，《中华人民共和国环境保护税法》施行，这标志着我国拥有了首个以环境保护为目标的税种。该税在全国范围内对大气污染物、水污染物、固体废物和噪声等四大类污染物，共计 117 种主要污染因子进行征税。

在环境保护税正式施行之前，全国各省、市、自治区已经基本完成了环境保护税征管准备工作小组的筹建，建立起了跨部门协作机制。全国各省、市、自治区也出台了应税大气污染物和水污染物的具体税额。

从地域上看，北京、天津、河北等 6 个省份的税额较高，大气污染物税额在每污染当量 4.8 元到 12 元之间，水污染物税额则在每污染当量 4.8 元到 14 元之间。内蒙古、海南和云南等 12 个省份的税额处于中间水平，大气污染物税额在每污染物当量 1.8 元到 3.9 元之间，水污染物税额则在每污染当量 2.1 元到 3.5 元之间。黑龙江、福建和新疆等 12 个省份确定的税额则较低，大气污染物税额是每当量 1.2 元，水污染物税额是每当量 1.4 元。

2018 年 5 月 10 日，环境保护税首个征期结束。2018 年开征的环境保护税首个征期从 4 月 1 日开始，到 4 月 18 日纳税申报期结束，全国共有 24.46 万户纳税人顺利完成申报。在第一个征期内，环境保护税共计申报应纳税额 66.6 亿元，扣除申报减免税额 22 亿元后，实际应征税额 44.6 亿元。首季环保税减免税优惠惠及约 3.5 万户纳税人，减免税额占整个环保税申报应纳税额比重的近 1/3。与 2017 年同期的排污费减征额相比，出现了很大的提高。从环境保护税首季征收相关数据来看，环境保护税“多排多征、少排少征、不排不征”的激励机制正在不断发挥作用，促进节能减排、绿色生产的作用也在不断凸显出来。

为了更好地保障《中华人民共和国环境保护税法》及其实施条例的有效实施，2018 年 3 月 30 日，财政部、国家税务总局和生态环境部共同发布了《关于环境保护税有关问题的通知》(财税〔2018〕23 号)，对应税大气污染物和水污染物排放量的监测计算问题、应税水污染物当量数计算问题、应税固体废物排放量计算和纳税申报问题，以及应税噪声应纳税额的计算问题进行了明确。

到了 2018 年 10 月 25 日，财政部、国家税务总局和生态环境部共同发布了《关于明确环境保护税应税污染物适用等有关问题的通知》(财税〔2018〕117 号，以下简称 117 号文)，进一步对环境保护税征收过程中的一些问题进行了明确。

首先，在应税污染物适用问题上，117 号文规定，燃烧产生废气中的颗粒物，按照烟尘征收环境保护税。排放的扬尘、工业粉尘等颗粒物，除可以确定为烟尘、石棉尘、玻璃棉尘、炭黑尘的外，按照一般性粉尘征收环境保护税。

其次，在税收减免适用问题上，117 号文规定，依法设立的生活垃圾焚烧发电厂、生活垃圾填埋场、生活垃圾堆肥厂，属于生活垃圾集中处理场所，其排放应税污染物不超过国家和地方规定的排放标准的，依法予以免征环境保护税。纳税人任何一个排放口排放应税大气污染物、水污染物的浓度值，以及没有排放口排放应税大气污染物的浓度值，超过国家和地方规定的污染物排放标准的，依法不予减征环境保护税。需要注意的是，这里的“依法不予减征环境保护税”所指的是每一个排放口排放的情况，对单一排放口依法不予减征，而不是对纳税人的所有排放口都不予减征。这一点主要是根据《中华人民共和国环境保护税法实施条例》第十一条的规定而确定的。

最后，在应税污染物排放量的监测计算问题上，117 号文明确了当纳税人按照规定安装且联网的自动监测设备出现状况、故障、设备维护、启停炉、停运等状态时的正确处理方法。纳税人在遇到上述情况后，应先按照相关规范，对数据状态进行标记；同时，对数据缺失、无效时段的污染物排放量进行修约和替代处理，并按照标记处理后的自动检测数据计算应税污染物当量。如果纳税人当月无法提供符合国家规定和监测规范的自动监测数据的话，应该按照排污系数、物料衡算的方法来计算应税污染物。那些自行安装自动监

测设备的纳税人，可以按照自动监测数据来计算应税污染物排放量。但是，整个监测流程必须符合国家规定和监测规范。对于委托监测机构监测的，纳税人应该按照国家相关规定制定监测方案，并及时将监测数据报送到生态环境主管部门。

经过了一年多的发展，环境保护税已经逐渐步入正轨，《中华人民共和国环境保护税法实施条例》以及相关通知公告细化了环境保护税的征税对象、计税依据、税收减免、征收管理的有关规定，进一步明确了界限。但是，从这一年的税收政策执行来看，环境保护税在纳税申报和后期的监控管理方面都还面临着一定的挑战，有一些问题需要去解决。2019 年，我国依然会继续深化推进环境保护税的征管，在征管力度上也可能会进一步增强。

第五节　房地产税

一、房地产税的演变

房地产税是一个综合性概念，从广义上讲，一切与房地产经济运动过程有直接关系的税都属于房地产税，主要包括房地产业增值税、企业所得税、个人所得税、房产税、城镇土地使用税、城市房地产税、印花税、土地增值税、投资方向调节税、契税等。从立法的角度上讲，房地产税主要是指房产税和土地使用税合一后的税种。目前，房地产税未完成立法程序，此处的房地产税是广义的概念。

取得土地使用权阶段	开发建设阶段	交易阶段	保有阶段
	印花税	增值税	增值税
契税	企业所得税	城市维护建设税	房产税
印花税	个人所得税	教育费附加	城镇土地使用税
耕地占用税	增值税	印花税	
	城市维护建设税	土地增值税	
	教育费附加	企业所得税	
	土地增值税	个人所得税	
	城镇土地使用税	契税	

在这些房地产相关税中，直接以房地产作为征税对象的税种，主要包括

城镇土地使用税、土地增值税、耕地占用税、契税、房产税等。

城镇土地使用税以土地作为征税对象，并以实际占用的土地面积作为计税依据。

土地增值税以土地和地上建筑物为征税对象，并以增值额作为计税依据。

耕地占用税以纳税人实际占用的耕地面积计税，按照规定税额一次性征收。

契税以转移土地、房屋使用权的行为作为征税对象，并以成交价格作为计税依据。

房产税主要以房屋作为征税对象，其计税依据是房屋计税价值或房产出租收入。在这里所提到的房产是指有屋面和围护结构，能够遮风避雨，供人们工作、生产、学习、居住或存储物资的地方。独立于房屋的建筑物，如围墙、水塔和室外泳池并不属于房产，但室内游泳池属于房产。

房产税的征收开始于 1949 年中华人民共和国成立后，在 1951 年 8 月，政务院发布了《中华人民共和国城市房地产税暂行条例》，将房产税和地产税合并为房地产税。1973 年，在简化税制过程中，对企业征收的城市房地产税被并入到工商税之中。到了 1984 年，国家决定对企业恢复征收城市房地产税，并将城市房地产税分为房产税和城镇土地使用税两个税种。1986 年 9 月 15 日，国务院发布了《中华人民共和国房产税暂行条例》，并在当年 10 月 1 日起施行。

从 2011 年 1 月开始，上海市开展对部分个人住房征收房产税试点，适用税率暂定为 0.6%。征收对象主要为本市居民二套房及非本市居民新购房。同一时间，重庆市也启动了房产税改革试点，将个人拥有的独栋商品住宅、个人新购的高档住房，以及在重庆市同时无户籍、无企业、无工作的个人新购的二套房作为征税对象。

此后，一直有各种房产税改革的消息传出。到了 2018 年 1 月 26 日，国土资源部公布了《不动产登记资料查询暂行办法》，并在当日起开始施行。

二、房产税基本知识

（一）征收范围

房产税是一种针对房屋征收的个别财产税。根据《中华人民共和国房产税暂行条例》规定，房产税主要在城市、县城、建制镇和工矿区征收，在这些地区的具体征税范围，则由各省、自治区、直辖市人民政府确定。

这里的“城市”是指经国务院批准设立的市，城市的征收范围包括市区、郊区和市辖县县城，不包括农村。

“县城”是指未设立建制镇的县人民政府所在地。而“建制镇”则是指经过省、自治区、直辖市人民政府批准设立的建制镇，其征收范围主要指镇人民政府所在地，不包括所辖的行政村。

“工矿区”是指商业较为发达，人口较为集中，且符合国务院规定的建制镇标准，但还没有设立建制镇的大中型工矿企业所在地。

（二）征税对象

房产税的征税对象是房产，其税费由产权负责人缴纳，具体而言有以下几种情况。

（1）产权属于国家所有，由经营管理单位缴纳。产权属于集体和个人所有，由集体单位和个人缴纳。

（2）产权出典的，由承典人缴纳。

（3）产权所有人和承典人不在房屋所在地的，由房产代管人或者使用人缴纳。

（4）产权没有确定或租典纠纷没有解决的，由房产代管人或者使用人纳税。

（5）纳税单位和个人无租使用房产管理部门、免税单位以及纳税单位的房产，由使用人代为缴纳。

（6）产权属于集体所有制的，由实际使用人缴纳。

（7）外商投资企业和外国企业、外籍个人、海外华侨、港澳台同胞拥有的房产不征收房产税。

（三）税率及计税依据

房产税的征收标准主要有从价计征和从租计征两种。

1. 从价计征

从价计征是指依照房产原值一次减除 10% 到 30% 后的余值计算缴纳。具体的扣除比例由省、自治区、直辖市人民政府依据税法规定自行确定。这里提到的“房产原值”主要包括与房屋不可分割的各种附属设备或一般不单独计算价值的配套设施，比如暖气、卫生设施、通风设施等。如果纳税人对原有的房屋进行改建和扩建，则需要相应增加房屋的原值。

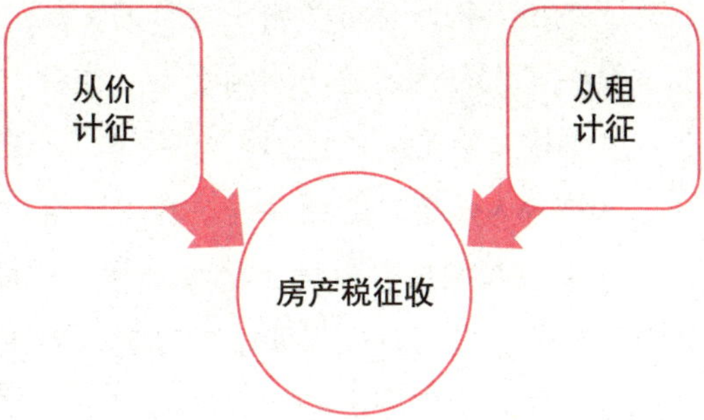

从价计征

从租计征

房产税征收

2. 从租计征

从租计征是指对于出租的房产，主要以房产租金作为房产税的计税依据。

3. 税率

在具体的房产税征收实践中，一些具体的情况需要适用特定的征收标准，为此需要特别注意。

①对于投资联营的房产，在计征房产税时应该注意区分。如果是共担风险的，需要按照房产余值作为计税依据。如果是收取固定收入的，则应该由出租方按照租金收入缴纳房产税。

②对于融资租赁的房屋，在计征房产税时，应该以房产余值来计算征收。

③旧房在安装空调设备时，一般都会作为单项固定资产入账，不应该计入房产原值中。而在新房交付使用时，如果中央空调设备已经计算在房产原值中，房产原值就需要包括中央空调。

按照房产余值计征的房产税，年税率为 1.2%。而按照房产出租的租金收入计征的，税率则为 12%。从 2001 年 1 月 1 日开始，凡是个人按照市场价格出租房屋用于居住的，可以暂减按 4% 的税率来征收房产税。

在具体计算方面，房产税从价计征的应纳税额计算公式为：

应纳税额 = 应税房产原值 ×（1 —扣除比例）× 1.2% 年利率

房产税从租计征的应纳税额计算公式为：

应纳税额 = 租金收入 × 12%

个人出租房屋用于居住的，房地产税应纳税额的计算公式为：

应按税额 = 房产租金收入 × 4%

4. 纳税期限和时间

房产税实行按年计算、分期缴纳的方法，不同地区的具体纳税期限也会有所不同。在具体纳税时间上，主要有以下几种不同的情况。

①纳税人将原有房产用于经营的，从生产经营之月起，缴纳房产税。

②纳税人自行新建房屋用于生产经营的，从建成次月起，缴纳房产税。

③纳税人委托施工企业建设的房屋，从办理验收手续次月起，缴纳房产税。

④纳税人购置新的商品房，自房屋交付使用次月起，缴纳房产税。

⑤纳税人购置存量房，从办理房屋权属转移、变更登记手续及房地产权属登记机关签发房屋权属证书次月起，缴纳房产税。

⑥纳税人租借房产，从交付出租、出借房产次月起，缴纳房产税。

⑦房地产开发企业自用、出租或出借自己建造的商品房，从房屋使用或交付次月起，缴纳房产税。

第六节 车船税和车辆购置税

一、车船税的演变

1951年，政务院发布了《车船使用牌照税暂行条例》，在全国范围内开征车船使用牌照税。

1986年，国务院发布《中华人民共和国车船使用税暂行条例》，并于当年10月1日开始施行，正式开征车船使用税。由于当时的《中华人民共和国车船使用税暂行条例》并不适用于外商投资企业和外籍个人，所以，外商投资企业和外籍个人依然按照《车船使用牌照税暂行条例》缴纳车船使用牌照税。两个税种并存的局面一直持续到2006年。

2006年12月，国务院公布了《中华人民共和国车船税暂行条例》，该条例自2007年1月1日起施行，1951年发布的《车船使用牌照税暂行条例》和1986年发布的《中华人民共和国车船使用税暂行条例》同时废止。

2011年2月25日，第十一届全国人大常委会第十九次会议通过了《中华人民共和国车船税法》，并自2012年1月1日起施行，2006年公布的《中华人民共和国车船税暂行条例》同时废止。此次的车船税立法对现行车船税税制进行了改革，将车船税征收与乘用车排气量挂钩，体现了节能减排的政策导向。

此后，车船税征收的相关政策一直与节能减排紧密相连，2012 年和 2015 年，财政部、工业和信息化部等部门曾两次下发文件，明确了对节约能源、使用新能源车船的车船税政策优惠。从 2012 年开始，工业和信息化部和国税总局先后发布了多批节约能源、使用新能源车辆减免车船税的车型目录。

从 2012 年 3 月 6 日的第一批使用新能源车辆减免车船税的车型目录，到 2018 年 11 月 26 日的第五批享受车船税减免优惠的节约能源、使用新能源汽车车型目录，越来越多的节约能源汽车和新能源汽车享受到了车船税减免的优惠。

针对车船税税源分散、流动性强和管理难度大等特点，税务机关构建起了完善的车船税征收管理体系。一系列举措有效加强了税收征管和纳税服务，更好地发挥了车船税在引领绿色消费、调节财富分配方面的作用。

二、车船税基本知识

（一）车船税

车船税作为一种财产税，主要征税对象为车辆和船舶，面向车辆和船舶的所有人或管理人征收。根据车辆、船舶的种类不同，所适用的计税依据和税额标准也会有所不同。这里的“车辆”包括机动车辆和非机动车辆。机动车辆主要是指那些依靠燃油和电力等能源作为动力运行的车辆，包括汽车、拖拉机、电车等。非机动车辆则主要是指依靠人力和畜力运行的车辆，包括自行车、三轮车和畜力驾驶车等。这里的“船舶”也包括机动船舶和非机动船舶两种。其中，机动船舶指的是依靠燃料等能源作为动力运行的船舶，包括客轮、货轮等。非机动船舶则是指依靠人力或者其他力量运行的船舶，包括木船、帆船等。

在《车船税税目税额表》中，将载客汽车划分为大型客车、中型客车、小型客车和微型客车 4 个子税目。这里的“大型客车”是指核定载客人数大于或等于 20 人的载客汽车，而“中型客车”则是指载客人数大于 9 人且小于 20 人的载客汽车，“小型客车”是指核定载客人数小于或等于 9 人的载客汽车，“微型客车”是指发动机气缸总排量小于或等于 1 升的载客汽车。

<table>
<tr><th colspan="4">车船税申报报送材料
（车辆所有人或管理人）</th></tr>
<tr><th>序号</th><th>材料名称</th><th>数量</th><th>备注</th></tr>
<tr><td>1</td><td>车辆登记管理部门核发的车辆登记证书或者行驶证复印件，不能提供车辆登记证书、行驶证的应报送车辆出厂合格证明或者进口凭证复印件</td><td>1 份</td><td></td></tr>
<tr><td>2</td><td>车辆的所有人或者管理人身份证明材料原件</td><td>1 份</td><td></td></tr>
<tr><td>3</td><td>《车船税纳税申报表》</td><td>2 份</td><td></td></tr>
<tr><th colspan="4">以下为条件报送资料</th></tr>
<tr><td>首次办理纳税申报或车辆及相关信息发生变化的纳税人，还应报送</td><td>《车船税税源明细表（车辆）》</td><td>2 份</td><td></td></tr>
<tr><td>新购置车辆的纳税人，还应报送</td><td>购买车辆的发票或者其他证明购置日期的文件复印件</td><td>1 份</td><td></td></tr>
</table>

<table>
<tr><th colspan="4">车船税申报报送材料
（船舶所有人或管理人）</th></tr>
<tr><th>序号</th><th>材料名称</th><th>数量</th><th>备注</th></tr>
<tr><td>1</td><td>船舶登记管理部门核发的船舶登记证书复印件</td><td>1 份</td><td></td></tr>
<tr><td>2</td><td>船舶的所有人或者管理人身份证明材料原件</td><td>1 份</td><td></td></tr>
<tr><td>3</td><td>《车船税纳税申报表》</td><td>2 份</td><td></td></tr>
<tr><th colspan="4">以下为条件报送资料</th></tr>
<tr><td>首次办理纳税申报或船舶及相关信息发生变化的纳税人，还应报送</td><td>《车船税税源明细表（船舶）》</td><td>2 份</td><td></td></tr>
<tr><td>新购置船舶的纳税人，还应报送</td><td>购买船舶的发票或者其他证明购置日期的文件复印件</td><td>1 份</td><td></td></tr>
</table>

（二）车船税减免优惠

为了促进节约资源，鼓励使用新能源，根据《中华人民共和国车船税法》及其实施条例有关规定，对节能汽车和新能源车船实施车船税减免优惠。

1. 对节能汽车减半征收车船税

（1）减半征收车船税的节能乘用车需要同时符合以下标准。

首先，获得许可在中国境内销售的排量为1.6升以下（含1.6升）的燃用汽油、柴油的乘用车（含非插电式混合动力、双燃料和两用燃料乘用车）。

其次，综合工况燃料消耗量应符合标准（具体标准见财务部、税务总局、工业和信息化部、交通运输部《关于节能、新能源车船享受车船税优惠政策的通知》及附件）。

（2）减半征收车船税的节能商用车应该同时符合以下标准。

首先，获得许可在中国境内销售的燃用天然气、汽油、柴油的轻型和重型商用车（含非插电式混合动力、双燃料和两用燃料轻型和重型商用车）。

其次，燃用汽油、柴油的轻型和重型商用车综合工况燃料消耗量应符合标准（具体标准见财务部、税务总局、工业和信息化部、交通运输部《关于节能、新能源车船享受车船税优惠政策的通知》及附件）。

2. 对新能源车船免征车船税

免征车船税的新能源汽车是指纯电动商用车、插电式（含增程式）混合动力汽车、燃料电池商用车。纯电动乘用车和燃料电池乘用车不属于车船税征税范围，对其不征车船税。

免征车船税的新能源汽车应同时符合以下标准。

第一，获得许可在中国境内销售的纯电动商用车、插电式（含增程式）混合动力汽车、燃料电池商用车。

第二，符合新能源汽车产品技术标准。

第三，通过新能源汽车专项检测，符合新能源汽车标准。

第四，新能源汽车生产企业或进口新能源汽车经销商在产品质量保证、产品一致性、售后服务、安全监测、动力电池回收利用等方面符合相关要求。

以上各项具体标准，在财政部、税务总局、工业和信息化部、交通运输部发布的《关于节能、新能源车船享受车船税优惠政策的通知》（财税〔2018〕74号）及附件中均有介绍。

免征车船税的新能源船舶的主推进动力装置应为纯天然气发动机。对于那些采用微量柴油引燃方式，并且引燃油热值占全部燃料总热值的比例不超过 5% 的，可以视同为纯天然气发动机。

车船税是一种按年征收的税款，纳税人可在规定的申报纳税期限内，将全年的税款一次性缴清。对购置的新车船，购置当年的应纳税额自纳税义务发生的当月起按月计算。其计算公式为：

应纳税额 =（年应纳税额 ÷12）× 应纳税月份数

三、车辆购置税立法

2018 年 12 月 29 日，第十三届全国人大常委会第七次会议通过了《中华人民共和国车辆购置税法》，其中规定了车辆购置税的各项基本内容。

《中华人民共和国车辆购置税法》规定了在中华人民共和国境内购置汽车、有轨电车、汽车挂车、排气量超过 150 毫升的摩托车的单位和个人为车辆购置税的纳税人；同时，还规定了车辆购置税的税率为 10%，并实行一次性征收。购置已征车辆购置税的车辆，不再征收车辆购置税。在计算车辆购置税的应纳税额时，应按照应税车辆的计税价格乘以税率进行计算。

应税车辆的计税价格应按照以下规定进行确定。

（1）纳税人购买自用应税车辆的计税价格，为纳税人实际支付给销售者的全部价款，不包括增值税税款。

（2）纳税人进口自用应税车辆的计税价格，为关税完税价格加上关税和消费税。

（3）纳税人自产自用应税车辆的计税价格，按照纳税人生产的同类应税车辆的销售价格确定，不包括增值税税款。

（4）纳税人以受赠、获奖或者其他方式取得自用应税车辆的计税价格，按照购置应税车辆时相关凭证载明的价格确定，不包括增值税税款。

此外，对于以下车辆予以免征车辆购置税。

（1）依照法律规定应当予以免税的外国驻华使馆、领事馆和国际组织驻华机构及其有关人员自用的车辆。

（2）中国人民解放军和中国人民武装警察部队列入装备订货计划的车辆。

（3）悬挂应急救援专用号牌的国家综合性消防救援车辆。

（4）设有固定装置的非运输专用作业车辆。

（5）城市公交企业购置的公共汽电车辆。

在购置应税车辆时，纳税人应主动向车辆登记地的主管税务机关申报缴纳车辆购置税。在纳税时间上，纳税人应在纳税义务发生之日，也就是购置应税车辆当日起60日内，申报缴纳车辆购置税。

纳税人在缴纳完车辆购置税后，公安机关交通管理部门应该根据税务机关提供应税车辆完税或免税电子信息，对纳税人申请登记的车辆信息进行核对，核对无误后再为其办理车辆注册登记。

《中华人民共和国车辆购置税法》在2019年7月1日正式施行，在2019年7月1日后，再购买应税车辆的消费者，需要注意有关规定的变更。

首先，此前的车辆购置税优惠将会被取消，车辆购置税都会按照车款的10%来征收。

其次，此前，为了防止企业分解销售收入，一些购车的价外费用也需要征收购置税。在《中华人民共和国车辆购置税法》施行后，价外费用就不需要再缴纳车辆购置税了。

最后，伴随着车辆购置税立法，国家有关部门对这一部分的税务监督也会越来越严格。对于少开发票的违法行为，将会给予更为严厉的处罚。

第七节　契税和印花税

一、契税的基本知识

契税主要是指不动产产权发生转移变动时就当事人所订立的契约，按照不动产价格的一定比例向新业主征收的一次性税收。从定义上来看，这是在不动产产权变更时所缴纳的一种税款。

1997 年 10 月 1 日，《中华人民共和国契税暂行条例》开始施行。其中规定，在中国境内取得土地、房屋权属的企业和个人，依法缴纳契税。这里所说的“取得土地、房屋权属”指的是国有土地使用权出让、土地使用权转让、房屋买卖、赠予和交换；同时，将土地、房屋权属作价投资或入股，以土地、房屋权属抵偿债务，以获奖方式承受土地、房屋权属，以预购方式或预付集资建房款的方式承受土地、房屋权属的，也需要征收契税。

契税是一种财产转移税，其主要针对契约征收，由财产承受人缴纳，其纳税义务人为境内转移土地、房屋权属，承受的单位和个人。契税实行 3% 到 5% 的幅度税率，各省、自治区、直辖市人民政府可以在 3% 到 5% 幅度税率规定的范围内，根据自身实际情况来确定。

在计税依据上，契税以不动产的价格作为计税依据。由于土地和房屋权属转移方式多种多样，定价方法也各有不同，所以，其具体的计税依据也会根据情况的不同而有所不同。具体而言，主要有以下几种情况。

（1）按成交价格计算。税务机关可以按照成交价格作为计税依据，直接计算纳税人的应纳税额。这种定价方式主要适用于国有土地使用权出让、土地使用权出售和房屋买卖。

（2）按市场价格计算。由于土地、房屋的价格并不是一成不变的，税务机关也就可以将土地和房屋权属的市场价格作为计税依据。这种定价方式主要适用于土地使用权赠予和房屋赠予。

（3）按土地、房屋交换差价计算。如果遇到土地、房屋权属交换的情况，税务机关可以根据土地、房屋交换差价定税。这种定价方式主要适用于土地使用权交换和房屋产权交换。当交换价格相等时，可以不必缴纳契税。

（4）按土地收益定价。以划拨方式取得土地使用权，经批准转让房地产时，可以由房地产转让者补交契税。其计税依据为补交的土地使用权出让费用，或者是土地的收益。

因为契税采用比例税率，所以，在确定了计税依据之后，再计算应纳税额就简单多了，其计算公式为：

应按税额 = 计税依据 × 税率。

从 2008 年 11 月 1 日起，个人首次购买 90 平方米以下普通住房，契税税率一律下调到 1%。因不可抗力灭失住房而重新购买住房的，可以酌情减免契税。土地、房屋被县级以上人民政府征用，重新承受土地、房屋权属的，由省级人民政府确定是否减免。

除此之外，我国在契税优惠减免方面，还有一些其他规定。

契税申报报送材料			
序号	材料名称	数量	备注
1	《契税纳税申报表》	2 份	
2	身份证原件及复印件	1 份	
3	不动产权属转移合同	2 份	
4	发票原件及复印件	1 份	

以下为条件报送资料			
享受契税优惠的，还应报送	减免契税证明材料原件及复印件	1 份	

2018 年 3 月 2 日，财政部、国家税务总局共同发布了《关于继续支持企

业事业单位改制重组有关契税政策的通知》（财税〔2018〕17号），该通知对企业、事业单位改制重组涉及的契税政策进行了明确规定。其中，对于企业改制、事业单位改制、公司合并、公司分立、资产划转、债权转股权、公司股权转让等一些具体情况，免予征收契税。在企业破产方面，企业依照有关法律法规规定实施破产，债权人承受破产企业抵偿债务的土地、房屋权属，免征契税。对非债权人承受破产企业土地、房屋权属，凡按照《中华人民共和国劳动法》《中华人民共和国劳动合同法》等国家有关法律法规政策规定妥善安置原企业全部职工，与原企业全部职工签订服务年限不少于3年的劳动用工合同的，对其承受所购企业土地、房屋权属，免征契税。与原企业超过30%的职工签订服务年限不少于3年的劳动用工合同的，减半征收契税。

二、2019年印花税新变化

从1988年国务院发布《中华人民共和国印花税暂行条例》（以下简称《暂行条例》）以来，到现在已经过去了三十多年时间。

《暂行条例》规定对书立、领受合同、产权转移书据等应税凭证的单位和个人征收印花税。同时，根据应税凭证的性质，对印花税采用比例税率或按件定额计征。

2018年，全国征收印花税2199亿元。其中，证券交易印花税977亿元。

为了贯彻落实税收法定原则，全国人大常委会和国务院已经着手制定印花税法的计划工作。2018年11月1日，财政部和国家税务总局起草的《中华人民共和国印花税法（征求意见稿）》（以下简称《征求意见稿》）向社会公开征求意见。

由于印花税税制要素基本合理，运行也比较平稳，所以，可以在保留现行税制框架和税负水平的基础上，将《暂行条例》上升为法律。同时，根据

当前的实际情况，《征求意见稿》对部分税目、税率和纳税方式进行了相应调整。

首先，在纳税人和征税对象上，《征求意见稿》与《暂行条例》的规定基本保持一致。《征求意见稿》规定：订立、领受在中华人民共和国境内具有法律效力的应税凭证，或者在中华人民共和国境内进行证券交易的单位和个人，为印花税的纳税人；同时规定，印花税的征税对象为书面形式的合同、产权转移书据、营业账簿和权利、许可证照，以及上市交易或者挂牌转让的公司股票和以股票为基础发行的存托凭证。

在征税范围上，《征求意见稿》将以股票为基础发行的存托凭证纳入到证券交易印花税的征收范围，主要是由于国务院已经明确开展了创新企业境内发行存托凭证试点，存托凭证以境外股票为基础在中国境内发行，并在境内证券交易所上市交易，将其纳入印花税征收范围，适用与股票相同的政策，有利于保持税制统一和税负公平。

其次，在税率方面，除了对少部分税目的税率进行了适当调整，其他税目基本维持了现行税率水平。

进行税率调整，一方面是为了简并税率、公平税负。另一方面是考虑到国务院从 2018 年 5 月起，对资金账簿和其他账簿分别减征和免征印花税，为了与现行政策保持一致，《征求意见稿》才将营业账簿适用税率由实收资本（股本）、资本公积合计金额的 5 ‱ 降为 2.5 ‱ 。

再次，在税收减免方面，《征求意见稿》主要规定了 6 种免税的情形。

（1）为避免重复征税，对应税凭证的副本或者抄本免税。

（2）为支持农业发展，对农民、农民专业合作社、农村集体经济组织、村民委员会购买农业生产资料或者销售自产农产品订立的买卖合同和农业保险合同免税。

（3）为支持特定主体融资，对无息或者贴息借款合同、国际金融组织向我国提供优惠贷款订立的借款合同、金融机构与小型微型企业订立的借款合同免税。

（4）为支持公共事业发展，对财产所有权人将财产赠予政府、学校、社会福利机构订立的产权转移书据免税。

（5）为支持国防建设，对军队、武警部队订立、领受的应税凭证免税。

（6）为减轻个人住房负担，对转让、租赁住房订立的应税凭证，免征个人应当缴纳的印花税。

最后，在纳税方式上，由于《暂行条例》所规定的贴花纳税方式在实际应用中并不便捷；同时，随着大量电子凭证的出现，贴花纳税的方式已经不再适应当前税收征管工作。因此，为了降低征管成本、适应电子凭证发展的需要，《征求意见稿》规定印花税统一实行申报纳税方式，不再使用贴花的纳税方式。

印花税法的制定有利于完善印花税法律制度，构建适应社会主义市场经济需要的现代财税制度，更有助于推进国家治理体系和治理能力的现代化发展。

第八节　烟叶税和耕地占用税

一、烟叶税

从 2018 年 7 月 1 日开始,《中华人民共和国烟叶税法》正式施行，这意味着 2006 年 4 月 28 日国务院公布的《中华人民共和国烟叶税暂行条例》(以下简称《暂行条例》) 将同时废止，该税法的全文如下所述。

第一条 在中华人民共和国境内，依照《中华人民共和国烟草专卖法》的规定收购烟叶的单位为烟叶税的纳税人。纳税人应当依照本法规定缴纳烟叶税。

第二条 本法所称烟叶，是指烤烟叶、晾晒烟叶。

第三条 烟叶税的计税依据为纳税人收购烟叶实际支付的价款总额。

第四条 烟叶税的税率为百分之二十。

第五条 烟叶税的应纳税额按照纳税人收购烟叶实际支付的价款总额乘以税率计算。

第六条 烟叶税由税务机关依照本法和《中华人民共和国税收征收管理法》的有关规定征收管理。

第七条 纳税人应当向烟叶收购地的主管税务机关申报缴纳烟叶税。

第八条 烟叶税的纳税义务发生时间为纳税人收购烟叶的当日。

第九条 烟叶税按月计征，纳税人应当于纳税义务发生月终了之日起十五日内申报并缴纳税款。

第十条 本法自2018年7月1日起施行。2006年4月28日国务院公布的《中华人民共和国烟叶税暂行条例》同时废止。

根据烟叶税法的规定，在我国境内烟叶税的纳税人是依照烟草专卖法的规定收购烟叶的单位，这里的烟叶指的是烤烟叶、晾晒烟叶。

烟叶税的计税依据是纳税人在收购烟叶时实际支付的价款总额，税率是20%，其应纳税额是纳税人收购烟叶时实际支付的价款总额乘以税率。其计算公式是：

应纳税额 = 烟叶收购金额 × 税率

烟叶税的纳税义务发生时间是纳税人收购烟叶的当日，按月计征，纳税人应在纳税义务发生的月终之日起 15 内进行申报并缴纳税款。

对于为什么要将之前的《暂行条例》上升到法律，北京大学法学院的一名教授认为，这是一种新的尝试，对老税种的平移有着重大的意义，对今后解决税收暂行条例上升为法律提供了借鉴。

烟叶税和烟草消费税是两个不同的税种，烟草消费税是消费税的一个税目，可以通过提高烟草消费税来提高烟草的价格，从而实现控烟。但是，烟叶税则是单行税种，在烟叶收购环节征收。

二、耕地占用税

2018 年 12 月 29 日，第十三届全国人大常委会第七次会议通过了《中华人民共和国耕地占用税法》。《中华人民共和国耕地占用税法》将于 2019 年 9 月 1 日起施行；同时，2007 年 12 月 1 日国务院公布的《中华人民共和国耕地占用税暂行条例》同时废止。

《中华人民共和国耕地占用税法》的全文如下所述。

第一条 为了合理利用土地资源，加强土地管理，保护耕地，制定本法。

第二条 在中华人民共和国境内占用耕地建设建筑物、构筑物或者从事非农业建设的单位和个人，为耕地占用税的纳税人，应当依照本法规定缴纳耕地占用税。

占用耕地建设农田水利设施的，不缴纳耕地占用税。

本法所称耕地，是指用于种植农作物的土地。

第三条　耕地占用税以纳税人实际占用的耕地面积为计税依据，按照规定的适用税额一次性征收，应纳税额为纳税人实际占用的耕地面积（平方米）乘以适用税额。

第四条　耕地占用税的税额如下：

（一）人均耕地不超过一亩的地区（以县、自治县、不设区的市、市辖区为单位，下同），每平方米为十元至五十元；

（二）人均耕地超过一亩但不超过二亩的地区，每平方米为八元至四十元；

（三）人均耕地超过二亩但不超过三亩的地区，每平方米为六元至三十元；

（四）人均耕地超过三亩的地区，每平方米为五元至二十五元。

各地区耕地占用税的适用税额，由省、自治区、直辖市人民政府根据人均耕地面积和经济发展等情况，在前款规定的税额幅度内提出，报同级人民代表大会常务委员会决定，并报全国人民代表大会常务委员会和国务院备案。各省、自治区、直辖市耕地占用税适用税额的平均水平，不得低于本法所附《各省、自治区、直辖市耕地占用税平均税额表》规定的平均税额。

第五条　在人均耕地低于零点五亩的地区，省、自治区、直辖市可以根据当地经济发展情况，适当提高耕地占用税的适用税额，但提高的部分不得超过本法第四条第二款确定的适用税额的百分之五十。具体适用税额按照本法第四条第二款规定的程序确定。

第六条　占用基本农田的，应当按照本法第四条第二款或者第五条确定的当地适用税额，加按百分之一百五十征收。

第七条　军事设施、学校、幼儿园、社会福利机构、医疗机构占用耕地，免征耕地占用税。

铁路线路、公路线路、飞机场跑道、停机坪、港口、航道、水利工程占用耕地，减按每平方米二元的税额征收耕地占用税。

农村居民在规定用地标准以内占用耕地新建自用住宅，按照当地适用税额减半征收耕地占用税；其中农村居民经批准搬迁，新建自用住宅占用耕地不超过原宅基地面积的部分，免征耕地占用税。

农村烈士遗属、因公牺牲军人遗属、残疾军人以及符合农村最低生活保障条件的农村居民，在规定用地标准以内新建自用住宅，免征耕地占用税。

根据国民经济和社会发展的需要，国务院可以规定免征或者减征耕地占用税的其他情形，报全国人民代表大会常务委员会备案。

第八条　依照本法第七条第一款、第二款规定免征或者减征耕地占用税后，纳税人改变原占地用途，不再属于免征或者减征耕地占用税情形的，应当按照当地适用税额补缴耕地占用税。

第九条　耕地占用税由税务机关负责征收。

第十条　耕地占用税的纳税义务发生时间为纳税人收到自然资源主管部门办理占用耕地手续的书面通知的当日。纳税人应当自纳税义务发生之日起三十日内申报缴纳耕地占用税。

自然资源主管部门凭耕地占用税完税凭证或者免税凭证和其他有关文件发放建设用地批准书。

第十一条　纳税人因建设项目施工或者地质勘查临时占用耕地，应当依照本法的规定缴纳耕地占用税。纳税人在批准临时占用耕地期满之日起一年内依法复垦，恢复种植条件的，全额退还已经缴纳的耕地占用税。

第十二条　占用园地、林地、草地、农田水利用地、养殖水面、渔业水域滩涂以及其他农用地建设建筑物、构筑物或者从事非农业建设的，依照本法的规定缴纳耕地占用税。

占用前款规定的农用地的，适用税额可以适当低于本地区按照本法第四条第二款确定的适用税额，但降低的部分不得超过百分之五十。具体适用税额由省、自治区、直辖市人民政府提出，报同级人民代表大会常务委员会决定，并报全国人民代表大会常务委员会和国务院备案。

占用本条第一款规定的农用地建设直接为农业生产服务的生产设施的，不缴纳耕地占用税。

第十三条　税务机关应当与相关部门建立耕地占用税涉税信息共享机制和工作配合机制。县级以上地方人民政府自然资源、农业农村、水利等相关部门应当定期向税务机关提供农用地转用、临时占地等信息，协助税务机关加强耕地占用税征收管理。

税务机关发现纳税人的纳税申报数据资料异常或者纳税人未按照规定期限申报纳税的，可以提请相关部门进行复核，相关部门应当自收到税务机关复核申请之日起三十日内向税务机关出具复核意见。

第十四条　耕地占用税的征收管理，依照本法和《中华人民共和国税收征收管理法》的规定执行。

第十五条　纳税人、税务机关及其工作人员违反本法规定的，依照《中华人民共和国税收征收管理法》和有关法律法规的规定追究法律责任。

第十六条　本法自2019年9月1日起施行。2007年12月1日国务院公布的《中华人民共和国耕地占用税暂行条例》同时废止。

附件

各省、自治区、直辖市耕地占用税平均税额表

省、自治区、直辖市	平均税额（元/平方米）
上海	45
北京	40
天津	35
江苏、浙江、福建、广东	30
辽宁、湖北、湖南	25
河北、安徽、江西、山东、河南、重庆、四川	22.5
广西、海南、贵州、云南、陕西	20
山西、吉林、黑龙江	17.5
内蒙古、西藏、甘肃、青海、宁夏、新疆	12.5

三、耕地占用税基本知识

根据《中华人民共和国耕地占用税法》，耕地占用税的纳税人是在中国境内占用耕地建设建筑物、构筑物和其他非农建设的单位和个人。这里的“耕地”是指用于种植农作物的土地。

占用园地、林地、草地、农田水利用地、养殖水面、渔业水域滩涂以及其他农用地建设建筑物、构筑物或者从事非农业建设的，也需缴纳耕地占

用税。

因为我国不同地区之间人口和耕地资源分布的不均衡，所以，耕地占用税实行的是地区差别定额税率，税率规定如下所述。

（1）在人均耕地不超过 1 亩的地区（以县、自治县、不设区的市、市辖区为单位，下同），每平方米为 10 至 50 元。

（2）人均耕地超过 1 亩但不超过 2 亩的地区，每平方米为 8 至 40 元。

（3）人均耕地超过 2 亩但不超过 3 亩的地区，每平方米为 6 至 30 元。

（4）人均耕地超过 3 亩以上的地区，每平方米为 5 至 25 元。

耕地占用税是以纳税人实际占用的耕地面积为计税依据，以平方米土地为计税单位，根据当地的定额税率来计算，其计算公式为：

应纳税额 = 实际占用耕地面积（平方米）× 适用定额税率

耕地占用税的纳税义务发生时间是纳税人收到自然资源主管部门办理占用耕地手续的书面通知的当日。纳税人应当自纳税义务发生之日起 30 日内申报缴纳耕地占用税。

免征耕地占用税的情况如下所述。

（1）军事设施占用耕地免征耕地占用税。

（2）学校、幼儿园、社会福利机构、医疗机构占用耕地，免征耕地占用税。

（3）农村居民经批准搬迁，新建自用住宅占用耕地不超过原宅基地面积的部分，免征耕地占用税。

（4）农村烈士遗属、因公牺牲军人遗属、残疾军人以及符合农村最低生活保障条件的农村居民，在规定用地标准以内新建自用住宅，免征耕地占用税。

（5）占用耕地建设农田水利设施的，不缴纳耕地占用税。

减征耕地占用税的情况如下所述。

（1）铁路线路、公路线路、飞机场跑道、停机坪、港口、航道、水利工程占用耕地，减按每平方米两元的税额征收耕地占用税。

（2）农村居民在规定用地标准以内占用耕地新建自用住宅，按照当地适用税额减半征收耕地占用税。

根据国民经济和社会发展的需要，国务院可以规定免征或者减征耕地占用税的其他情形，报全国人大常委会备案。

第九节　城市维护建设税和教育费附加

一、城市维护建设税立法动态

2018 年 10 月，财政部、国家税务总局就《中华人民共和国城市维护建设税法（征求意见稿）》（以下简称《征求意见稿》）开始面向社会公开征求意见。一部新的税法将要出台了。

在新税法颁布前，现行的还是《中华人民共和国城市维护建设税暂行条例》（以下简称《暂行条例》），《暂行条例》是 1985 年 2 月发布的，并从 1985 年起开始起征城市维护建设税。从 2000 年至 2017 年，全国累计征收城市维护建设税 35350 亿元，年均增长 15%，城市维护建设税对组织财政收入、加强城市维护建设都发挥了重要的作用。

制定城市维护建设税法，有利于完善城市维护建设税法法律制度，增加科学性、稳定性和权威性，有利于深化改革开放和推进国家治理体系和治理能力的现代化。

这次城市维护建设税法的征求意见主要是针对五个方面进行的：

（一）关于纳税人

《征求意见稿》规定：城市维护建设税的纳税人为在中华人民共和国境内缴纳增值税、消费税的单位和个人。

（二）关于计税依据和应税范围

《征求意见稿》规定：城市维护建设税的计税依据为纳税人实际缴纳的增值税、消费税税额，以及出口货物、劳务或者跨境销售服务、无形资产增值税免抵税额；同时，明确对进口货物或者境外单位和个人向境内销售劳务、服务、无形资产缴纳的增值税、消费税税额，不征收城市维护建设税。

（三）关于税率

《征求意见稿》规定：纳税人所在地在市区的，税率为 7%；纳税人所在地不在市区的，税率为5%。这跟目前的《暂行条例》不同，取消了之前税率为1%的规定。

（四）关于特殊情形的处理规定

对实行增值税期末留抵退税的纳税人，为避免额外增加其附加税负担，《征求意见稿》延续了现行规定，明确向纳税人退还的增值税税额允许从城市维护建设税的计税依据中扣除。跟现行规定一致，《征求意见稿》明确，对出口货物、劳务和跨境销售服务、无形资产以及因优惠政策退还增值税、消费税的，不退还已缴纳的城市维护建设税。

（五）关于税收减免

考虑到城市维护建设税以纳税人实际缴纳的增值税、消费税税额为计税依据，减免增值税、消费税的，相应减免城市维护建设税，一般不单独规定城市维护建设税的减免税情形。对特殊情形需要免征、减征城市维护建设税的，由国务院规定。

二、城市维护建设税基本知识

城市维护建设税是以纳税人实际缴纳的增值税、消费税的税额为计税依据的一种税。它具有附加税的性质，是附加于增值税、消费税的税额，其税款专门用于城市公用事业和公共设施的维护建设。

城市维护建设税的纳税人是原规定缴纳产品税、增值税、营业税的单位和个人。不过，经过1994年的税制改革后，纳税人就改为缴纳增值税、消费税、营业税的单位和个人了。但是，2016年实行全面营改增后，营业税又全面取消了。所以，根据现行税法的规定，城市维护建设税的纳税人是在征税范围内缴纳增值税、消费税的单位和个人。

城市维护建设税的征税范围包括：城市、县城、建制镇以及税法规定征税的其他地区。

城市维护建设税的计税依据是：纳税人实际缴纳的增值税、消费税税额。其计算公式是：

应纳税额 =（增值税 + 消费税）× 适用税率

城市维护建设税税率根据纳税人所在地的不同而不同：市区7%，县城和镇5%，乡村1%。大中型工矿企业所在地不在城市市区、县城、建制镇的，

税率为1%。

对于纳税人在外地发生缴纳增值税、消费税的，按纳税发生地的适用税率计征城市维护建设税。

城市维护建设税的纳税期限和地点和增值税、消费税相同，并应该同时缴纳。

免征城市维护建设税的情形如下所述。

（1）对出口产品退还增值税、消费税的，不退还已缴纳的城市维护建设税。

（2）海关对进口产品代征的增值税、消费税，不征收城市维护建设税。

（3）对增值税、消费税实行先征后返、先征后退、即征即退办法的，除另有规定外，对随增值税、消费税附征的城市维护建设税，一律不予退（返）还。

因为城市维护建设税是以纳税人实际缴纳的增值税、消费税为计税依据的，一般不单独减免，只是随增值税、消费税的减免而减免。

三、教育费附加

1986年4月28日，国务院发布了《征收教育费附加的暂行规定》，并于同年7月1日开征教育费附加，其目的是多渠道筹集教育经费，改善中小学条件，所以，教育费附加也是具有专款专用性质的一种税。

教育费附加也是一种附加税，其纳税人是缴纳增值税、消费税的单位和个人。其征收范围跟增值税、消费税的征收范围相同，是以纳税人实际缴纳的增值税、消费税的税额为计费依据。计算公式为：

应纳教育费附加 =（实际缴纳的增值税 + 消费税）× 3%

纳税人在申报缴纳增值税、消费税时要同时申报、缴纳教育费附加。

教育费附加的减免优惠规定如下所述。

（1）对海关进口的产品征收的增值税、消费税，不征收教育费附加。

（2）对由于减免增值税、消费税而发生退税的，可以同时退还已征收的教育费附加。但是，对出口产品退还增值税、消费税的，不退还已征的教育费附加。

（3）根据财税〔2010〕44 号文件规定，国家重大水利工程建设基金的教育费附加优惠。

（4）根据财税〔2016〕12 号文件规定，按月纳税的月销售额或营业额不超过 10 万元缴纳义务人免征教育费附加。

（5）根据财税〔2017〕49 号文件规定，重点群体从事个体经营扣减教育费附加优惠。

（6）根据财税〔2017〕49 号文件规定，招录重点群体就业扣减教育费附加优惠。

第三篇

税务风险防控

第九章

税务稽查

第一节　税务稽查范围

税务稽查是稽查局代表国家依法对纳税人、扣缴义务人和其他涉税当事人的纳税情况进行检查监督的一种形式，“税务稽查”不等于“税务检查”。税务检查是税务机关依据税法规定，对纳税人、扣缴义务人履行纳税义务和扣缴义务的情况进行检查和处理的执法行为，不仅包括了税务稽查，还要进行一些日常的税务检查。

税务人员说：税务稽查部门担负着贯彻实施税法的重要职责，稽查规范的实施对促进税务部门公平、公正和廉洁执法起到了积极的推动作用。

税务稽查的依据是各种具有法律效力的税收法律、法规及政策规定，具体内容包括日常稽查、专项稽查和专案稽查。税务稽查的实施要在《税收征管法》规定的职权范围内进行，并且依据《税收征管法》对税务检查等法律法规的规定。

税务稽查的范围包括税务法律、法规、制度等的贯彻执行情况，纳税人生产经营活动及税务活动的合法性，以及是否涉及偷税、逃税、抗税、骗税、漏税及滞纳的情况。税务稽查的执法力度要大于日常的税务检查。

税务稽查的具体范围如下所述。

（1）税务部门有权根据相关法律法规，对纳税人、扣缴义务人提供的纳税或者代扣代缴及代收代缴税款相关的文件和证明材料，以及相关资料进行检查。

（2）税务部门有权根据相关法律法规对纳税人的账簿、记账凭证及税务报表和有关资料进行检查，除了纸质账簿，也包括与纳税有关的电子信息进行检查，对扣缴义务人代扣缴和代收代缴税款账簿以及记账凭证的有关资料都可以进行检查。

税务部门在行使查账权时，可以在纳税人、扣缴义务人的业务场所进行，如果需要调取账簿、记账凭证、报表和其他相关资料，税务部门工作人员应当向被查对象出具《调取账簿资料通知书》，并填写《调取账簿资料清单》，核实后签章确认。

（3）税务部门有权根据相关法律法规到车站、码头、机场、邮政等场所对纳税人的托运、邮寄应纳税商品或货物或其他财产有关的单据和凭证以及相关资料进行检查。

（4）税务部门有权根据相关法律法规对纳税人、扣缴义务人或有关当事人就纳税或代扣代缴、代收代缴税款的问题和情况进行询问。

（5）税务部门有权根据相关法律法规到纳税人的生产、经营场所和货物存放地就纳税人的应纳税商品、货物或者其他财产进行检查，还有权检查扣缴义务人与代扣代缴、代收代缴税款有关的经营状况。

（6）税务部门有权根据相关法律法规检查纳税人、扣缴义务人在银行或者其他金融机构的存款账户。如果有需要，税务部门还可以对公司的企业法定代表人、实际控制人、主要负责人的个人银行账户进行检查。

个人账户日交易额累积计到5万元及以上或者一笔交易达到5万元及以上，银行工作人员有可能会把交易记录调出来查看，并上传到检测中心进行检测。如果在一定时间内该账户有频繁的大金额交易，那么，这个账户就会被列为重点检查对象。

非自然人客户银行账户与其他银行账户当日单笔或者累计发生交易200万元及以上，自然人银行账户与其他的银行账户发生当日单笔或者累计交易人民币50万元及以上，自然人银行账户与其他的银行账户发生当日单笔或者累计交易人民币20万元及以上，银行就应当将交易记录上传检测中心进行检测。

（7）由于纳税人的行为或者某些客观原因，致使以后税款不能保证或者难以保证时，税务部门有权采取税收保全措施，限制纳税人处理或者转移商品、货物或其他财产。

对那些纳税人、扣缴义务人及纳税担保人不履行法律法规规定的纳税义务，税务部门有权采取税收强制执行措施，用法定强制手段强迫当事人履行

纳税义务。

有的企业负责人觉得自己按时进行纳税申报后就高枕无忧了，有的企业负责人为了自身的利益，不惜铤而走险进行偷税、漏税，用自己的个人银行账户收支公司的资金往来，来少缴税款。但是，2017 年 7 月 1 日实行了《金融机构大额交易和可疑交易报告管理办法》（中国人民银行令〔2016〕第 3 号）。如果现在还这么做，就要面临被稽查的风险，到时不仅要补缴税款，还要缴纳滞纳金并进行行政处罚；构成犯罪的，还要承担刑事责任。

2017 年，北京市通州区国家税务局稽查局对北京某公司出具了《税务行政处罚决定书》，对该公司实际控制人、法定代表人在工商银行和农业银行的个人账户进行了检查，发现这两个账户都是用来收取客户的购货款的。于是，让该公司补缴了增值税、企业所得税，并进行了罚款处理。

五证合一后，各部门的信息随时可能合并共享，那些偷税、漏税等违法行为将暴露无遗。所以，企业财务人员和企业管理者需要了解清楚税务稽查的内容及流程，做到合法经营，才能维护自己的合法权益。

第二节　税务稽查流程

想要降低企业的涉税风险，有必要从税务稽查的角度对税务机关的工作流程进行了解。税务稽查工作的流程是先选案，然后实施稽查检查，接着是审理，最后进行执行。

一、选案

税务稽查对象的确定是税务稽查的重要环节，这个环节就叫选案，它是税务稽查工作的起点，也是整个税务稽查工作的基础。选案的准确度直接影响到税务稽查工作的效率。

税务稽查选案，是税务稽查选案部门根据指定的专项检查计划、上级交

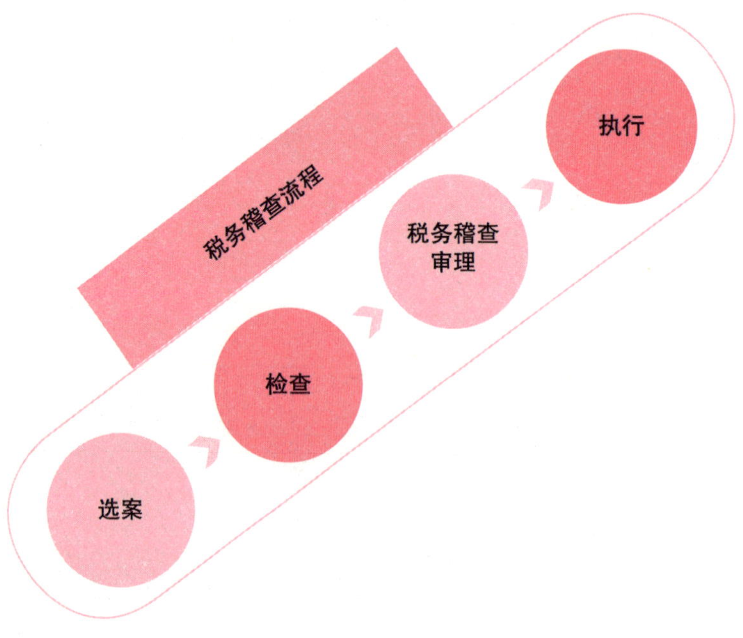

办、有关部门转办和国家税务总局情报交换确定专项检查案源；根据随机抽样、涉税情报交换、纳税评估确定日常检查案源；根据信件举报、公民来访、电话举报确定专案检查案源。

选案的资料来源于计算机存储的资料、财务报表资料、外部信息资料和税务稽查发现的资料。

稽查选案分为人工选案、计算机选案、人工举报和其他等。

人工选案的基本方法是抽样，分为随机抽样和非随机抽样，通常采取随机抽样法，根据概率规律进行抽取稽查对象。

计算机选案主要是根据一些指标和参数进行筛选，像销售收入、应纳增值税、企业税负、期末留底税款，以及一些纳税申报的指标（如累计两次不申报、连续 3 个月无税申报或负税申报，或者累计 6 个月无税申报或负税申报），还有一些会计类的指标（如销售利润率、行业生产经营指标平均增长值分析、行业财务比率分析、企业所得税税前限制列支项目指标、进出口税收指标分析等）。

举报是税务机关发现案源最多的一种途径。此外，还有部门转办、交办等途径。

二、检查

检查是税务稽查工作的核心和关键环节，税务人员根据选案确定的稽查对象，组织稽查人员对被稽查对象的报表、账簿、原始凭证进行分析，还会对合同、制度、信息进行检查，当然也包括对现场办公人员进行询问，从中收集材料，整理制作《税务稽查报告》，将案件移送至审理的活动过程。

检查前，税务稽查人员先要了解被查对象的生产经营情况，其所在行业的特点及行情，并对其财务会计制度、会计处理方法和会计核算软件进行了解，以便确定相应的检查方法。

除以下 3 种情况之外，税务稽查人员应当提前以书面的形式向被查对象下达《税务稽查通知书》，并要求收件人填写《税务文书送达回证》并取回存档。

（1）公民举报有税收违法行为的。

（2）稽查人员有根据地认为纳税人有税收违法行为的。

（3）预先通知有碍稽查的。

企业如果遇到税务稽查，要查看稽查人员的程序是否合法，企业管理者有权维护自己的合法权益。此外，如果发现稽查人员与自己有利害关系、其他可能影响到公正执法关系的，被查对象有权要求涉嫌的税务稽查人员回避。

在检查过程中，税务稽查人员可以根据需要采取实地检查、调取账簿资料、询问、查询存款账户和异地协查等方式。

在稽查人员询问时，必须有两人以上参加并出示税务检查证件，应有专人做记录，制作《税务稽查询问笔录》，并告知当事人要如实提供情况，否则会承担法律责任。

税务机关在检查纳税人的发票时，对于案件有关的情况和资料，可以记录、录音、录像、照相和复制。对于被查纳税人、扣缴义务人的账簿、记账凭证、报表、发票和其他纳税资料，可采取调取账簿资料和实地检查两种方法。在实地稽查前，稽查人员必须按照制度向部门领导例行报告，并填制《税务检查人员下户检查批准书》，批准后才能实施。否则，纳税人有权拒绝检查。

稽查中依法需要被查对象暂停支付存款的，应当填写《暂停支付存款通知书》，通知银行或其他金融机构暂停支付纳税人相当于税款的存款；依法需查封被查对象商品、货物或其他财产的，检查完所有权后应当填写《查封（扣押）证》，并附上《查封商品、货物、财产清单》，查封时应当粘贴统一封志；依法需要扣押的，应当填写《查封（扣押）证》，并开具《扣押商品、货物、财产专用收据》。

稽查人员在稽查过程中发现该纳税人达到了可立案的标准后，应当按照有关规定办理立案手续。立案标准如下所述。

（1）偷税、逃税、骗取出口退税、抗税以及为纳税人、扣缴义务人非法提供银行账户、发票、证明或其他方便导致税务流失的。

（2）查补税额在5000元以上的。

（3）私自印刷、伪造、倒卖、非法代开、开发、非法携带、邮寄、运输或存放空白发票的，伪造、私自制作发票监制章、发票防伪专用品的。

（4）税务机关认为有立案需要的。

当检查结束时，稽查人员应当将稽查结果和主要问题向被查对象说明，核对查实，听取意见。稽查人员制作《税务稽查底稿》和《税务稽查签证

表》，检查结束时，交由被查对象的有关负责人核对并确认无误后签章。最后，制作《税务检查报告》，送检查部门进入审理程序。

三、税务稽查审理

税务稽查审理是在税务机关检查完毕的基础上，由专门组织或人员来核准事实、证据是否清楚、确凿；适用法律是否正确；程序是否合法；被查人的意见；处理意见是否得当。审理后，由检查部门制作《审理报告》送主管领导审批。审批后，对没有发现涉税问题的制作《税务检查结论》；对发现涉税问题的制作《税务处理决定书》《税务行政处罚决定书》，进入下一个程序。

在审理中，如果税务机关对公民做出 50 元（含）以上 2000 元以下罚款，或对法人及其他组织做出 1000 元（含）以上 10000 元以下罚款时，当事人有申辩、陈述的权利。否则，视为弃权，这一点企业相关人员要注意。

当税务机关对公民做出 2000 元（含）以上罚款，或者对法人及其组织做出 10000 元（含）以上罚款时，当事人在《税务行政处罚告知书》送达之日起 3 日内，可以向税务机关书面提出听证，逾期不提的视为放弃听证权。

四、执行

税务机关将《税务处理决定书》送到纳税人、扣缴义务人，并监督其执行。如果被查对象拒不履行，执行人员可填制《税收保全措施审批表》，经县以上税务局长批准后，可依法对被查对象采取税收强制措施。如果有必要，还可移送公安机关处理。

第三节　税务稽查重点

一、增值税专用发票用量

如果企业的增值税专用发票用量突然激增，除了正常的业务变化外，可能就是虚开发票。如果纳税人本月开具的增值税专用发票超过上月用量的30%（含）并超过上月10份以上，就可能会被稽查。

稽查人员会检查纳税人的购销合同是否真实，纳税人的生产经营情况是否与签订合同情况符合，还会实地检查“存货”中的“原材料”和“产成品”，对纳税人的“银行存款”“现金”及“应收账款”“预付账款”等科目进行检查。

比如，“货币资金”显示企业进账100万元，但却开了1000万元的发票，那么，很有可能被高度怀疑为虚开发票。再从企业的原材料使用，以及用电、用水、人工等多方面检查，就可以判断出企业是否虚开发票。如果应收账款长期挂账，亦有被怀疑为虚开发票的风险。对临时增量购买增值税专用发票的，还会重点审查合同是否真实履行。

二、期末存货与实收资本的比较

如果纳税人的期末存货大于实收资本，属于生产经营不正常，可能是库存商品不真实，或者是销售货物后没有结转到收入造成的。

稽查人员会检查纳税人的“应收账款”“其他应付款”“预收账款”以及“短期借款”“长期借款”等科目期末贷方的余额是不是有大幅的增加。对于增加的原因，纳税人要进行说明并提供相应的资料来证明资金的合法性。稽查人员还会实地检查存货是否与账面相符。

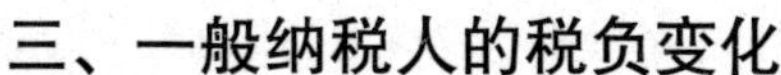

三、一般纳税人的税负变化

如果纳税人的税负（税负 = 应纳税额 ÷ 应税销售收入 ×100%）变化过大，超过 30%，可能有账外经营、未结转收入、取得进项税额不符合规定或虚开发票等问题。稽查人员会检查纳税人的销售业务，将本期的原始凭证、记账凭证、销售、应收账款、货币资金、存货等与其他各时期的进行比对分析，查明异常情况的原因。看纳税人是否有漏记、隐瞒或虚计收入的行为。

稽查人员还会对企业的固定资产抵扣是否合理进行检查，还要看企业是否存在将外购存货用于职工福利、个人消费、对外投资、捐赠等行为。

四、纳税人期末存货与当期累计收入差异

生产经营的纳税人，如果期末存货与当期累计收入对比异常，超过 50% 的话，可能存在库存商品不真实，销售货物后未结转等问题。

稽查人员会结合预收账款、应收账款、其他应付款等科目检查库存商品会计科目，把它们结合起来进行分析。如果库存商品期末余额大于预收账款、应收账款贷方余额，且应付账款借方长期挂账，那么，就可能存在隐瞒收入的问题。稽查人员会实地检查纳税人的存货，看其是否真实，与原始凭证、库存账载数据是否一致。

五、进项税额与进项税额控制额差值

如果纳税人申报的进项税额大于进项税额控制额:（本期期末存货金额 - 本期期初存货金额 + 本期主营业务成本）× 本期外购货物税率 + 本期运费进项税额合计，超过 10%，那么，纳税人可能存在虚抵进项税额的情况。这时，稽查人员会重点核查纳税人购进的固定资产是否抵扣；看纳说人是否把用于非应税项目、免税项目、集体福利、个人消费的货物或应税劳务及非正常损失的货物按照规定做进项税额转出；看纳税人是否有虚开专用发票和其他抵扣凭证的问题。

稽查人员会根据纳税人的在建工程、固定资产等科目的变化分析纳税人是否将外购的不符合抵扣标准的固定资产进项税额进行了抵扣，并结合营业外支出、待处理财产损溢等科目，分析纳税人是否将损失存货的进项税额转出。

稽查人员还会结合增值税申报表中的附表分析运费、农产品等变化情况，分析纳税人是否有虚假抵扣进项税额的问题，并实地检查存货的收发记录，确认非应税项目的存货是否作进项税转出；并确认纳税人是否存在将用于职工福利、个人消费、无偿赠等外购货物的进项税额没有转出；并检查纳税人农产品发票开具、出售人的资料、款项支付等情况，判断是否存在虚开发票的问题。

六、预收账款占销售的收入

如果预收账款的比例偏大，超过 20%，可能存在隐瞒销售或者未及时确认销售收入的问题。如果纳税人预收账款长期挂账，就会引起税务局的注意，很可能是货已经卖出，但对方不要发票，这时要把预收账款转成收入。

稽查人员会重点检查纳税人的合同是否真实，货款是否真实入账，并确认该企业是否存在未及时确认销售收入的情况。

七、销售额变动率和应纳税额变动率弹性系数

一般情况下，企业的销售额变动率——（本期销售额 - 上期销售额）÷ 上期销售额和应纳税额变动率——（本期应纳税额 - 上期应纳税额）÷ 上期应纳税额，这二者基本同步增长，弹性系数接近于 1。如果弹性系数 >1 且二者都为正数（<1 且二者都为负数），纳税人可能存在将自产产品或者外购商品用于集体福利、在建工程等，并且没有计收入或者没有做进项税额转出等行为。弹性系数 <1 且二者都为正数，一般没有问题。

稽查人员会检查纳税人，看其是否兼营不同税率的应税货物，查看其仓库货物收发登记本，重点核查纳税人的应收账款、应付账款、预付账款、在建工程等明细账，并与主营业务收入、应纳税金明细核对，看是否存在将收入长期挂往来账，少计销项税额或者存在多抵扣进项税额等问题。核对进项税额抵扣凭证，看是否存在将购进的不符合抵扣的项目进行了抵扣。

八、主营业务收入成本率

通常来讲，一个地区某一行业的收入成本率（主营业务成本 ÷ 主营业务收入）是差不多的。纳税人的指标值——（收入成本率 - 全市行业收入成

本率）÷ 全市行业收入成本率，一般是：工业企业的预警值为 –20% ~ 20%，商业企业的预警值为 –10% ~ 10%。如果纳税人的主营业务成本变动率超出这个范围，可能存在销售没有计收入、多转成本或虚增成本费用、扩大税前扣除等问题。

稽查人员会检查企业原材料价格是否上涨，是否增添新设备或者设备出现重大变故影响了产量等问题。稽查人员也会看是不是企业原材料的结转方式发生了改变，产品与在产品之间的成本分配是不是合理，企业是不是把在建工程成本计入了生产成本。

九、进项税额变动率与销项税额变动率

如果纳税人的进项税额变动率——（本期进项 – 上期进项）÷ 上期进项）高于销项税额变动率——（本期销项 – 上期销项）÷ 上期销项，那么，可能存在隐瞒或少记收入或虚抵进项税额的情况。

稽查人员会重点核实纳税人购销业务的真实性，看其是否为了享受税收优惠隐瞒了收入；是否存在销售已实现，但却长期挂在预收账款、应收账款的科目。看其是否存在虚假申报抵扣进项税的问题，并结合进项税额控制额的指标来分析。如果超过预警值，但销售却没有较大幅度的增长，且实地考察库存后发现库存已没有，这说明企业存在销售未入账的情况；如果有库存，再查看是否存在将购进的不符合抵扣标准的项目进行了抵扣的情况。

十、纳税人主营业务收入费用率

如果纳税人的主营业务收入费用率（主营业务收入费用率 = 本期期间费用 ÷ 本期主营业务收入）明显高于本地区同行业的平均水平，则为异常。

稽查人员会看纳税人是否存在多提、多摊相关费用，是否将资本性支出一次性算在当期的列支中。稽查人员会检查纳税人的应付账款、预收账款、其他应付账款等科目的期初期末余额，对其进行分析。如果应付账款、其他应付账款出现红字和预收账款在期末时突然大幅增加，那么，纳税人可能隐瞒了收入。然后，稽查人员会对这些科目的详细内容进行核实。

稽查人员对纳税人的营业费用、财务费用、管理费用的增长情况进行判

断，看其增长是否合理，是否存在将外购存货用于职工福利、赠送等问题。稽查人员还要检查企业采购的渠道及履约方式，看其是否存在返利还没有冲减进项税额。稽查人员还会对企业的短期借款、长期借款期初、期末的数据进行分析，看其是否存在将基建贷款的利息计入当期财务费用等问题。

税务稽查的内容还有很多，像有的企业在申报的时候长年把个人工资薪金写为 0 元或者 1 元，或者单位大部分员工薪金长期为 5000 元（个税免征额），或者规模比较大并且经营良好的企业长期申报纳税是 0 元，还有那些长亏不倒的企业，这都是明显不合常理的，都存在很大的风险。

第四节　税务稽查中常见问题

税务稽查主要是查处偷税、漏税、逃税和骗税等违法行为，在稽查中常见的问题有以下几点。

一、企业有两套账或者做假账

有的纳税人为了逃税，会采取两套账的做法，对必须开发票的设立一套账；对不需要开具发票的，用现金收款，另设一套账。对内用真账核算收入和分配，对外用假账申报纳税以应对税务检查。纳税人用这样的方法来隐瞒销售收入，达到少缴税的目的。

二、企业购买假发票或者虚开发票

有的纳税人为了少交税去购买假专用发票、假普通发票；有的纳税人从税务机关领取真专用发票、真普通发票，但虚构业务，接受他人的虚开或者自己虚开的发票，来虚增成本或者增加抵扣，达到偷逃税款的目的。

有的企业通过虚开增值税专用发票，来骗取出口退税、抵扣税款。还有的企业为了逃税，在开具发票时采取"大头小尾"的手法，也就是发票联的金额大而存根联的金额小，这些都是违法的行为。

如果企业是善意取得的虚开发票，到时把进项税额转出不抵扣就行，损失的只是税款。如果企业是有意地接受恶意的虚开发票，是要受到法律的严惩的。尤其现在金税三期全面上线，大数据比对也方便很多，那些虚开发票的将无所遁形。

三、企业利用混合销售按低税率申报

有的企业是混合经营的，公司的产品有高税率的也有低税率的。于是，

就将那些高税率的产品以低税率申报，或者将混合销售的产品统一按低税率申报来偷税漏税。还有的企业利用国家的优惠政策，通过“假福利”“假高薪”“假出口”“假外资”等名目来避税、骗税。

四、企业修改或者毁灭证据

有的企业利用网络加密、改造电子数据等高科技手段，去修改会计信息中的数据做假账，在税务稽查前删除电子数据信息。

五、更改名称

有的企业在偷税或者欠税达到一定数额后，就关门走人，重新更换个公司名称和法人代表，更换个地点重新经营，来逃避稽查。

税务稽查中的问题还有很多，这里就不再一一列举了，下面以稽查的实际案例来具体说明。

2018年，上海市某税务局对上海某科技股份有限公司2015年1月1日到2016年12月31日的涉税情况进行了检查，发现了该公司存在以下违法事实。

①2015至2016年，该公司把适用于增值税免税收入项目（企业已备案）的进项税额共计15.129201万元（其中，2015年为1.446162万元，2016年为13.683039万元）进行了抵扣，所以，应补缴增值税共计15.129201万元，调减应纳税所得额共计15.129201万元（2015年1.446162万元，2016年13.683039万元）。

②2016年，该公司取得广告收入合计300.768781万元，不过，并未按规定申报缴纳文化事业建设费。

③2015至2016年，该公司收受假发票金额合计为151.78044万元。所以，应调增2015年应纳税所得额58.35105万元，调增2016年应纳税所得额107.38764万元。

④2015至2016年，该公司赠送实物类礼品，金额为10.874903万元（含税）。根据规定，应视同销售。所以，应补缴增值税1.214774万元，应调增应纳税所得额7.145729万元，并确认视同销售成本7.145729万元，且未按规定代

扣代缴个人所得税2.174981万元。

⑤2015至2016年，该公司实际发生的业务招待费共计19.286887万元，按发生额的60%扣除11.572132万元，没有超过按当年销售收入的5‰的最高扣除限额30.697105万元。应调增所得税额7.714755万元。该公司所得税汇算清缴已调增3.85077万元，应调增2015年应纳税所得额1.206626万元，调增2016年应纳税所得额2.657359万元。

⑥2015至2016年，该公司以白条列支费用合计17.34801万元（计入“销售费用”15.39741万元，“管理费用”1.9506万元），应调增2015年应纳税所得额4.9006万元，调增2016年应纳税所得额12.44741万元。

⑦2015至2016年，该公司计提返利成本、推广费，并入“主营业务成本”“销售费用”科目，并在企业所得税税前列支，合计金额为1235.178976万元。不过，都没有取得合法凭证。所以，应调增2015年应纳税所得额500万元，调增2016年应纳税所得额735.178976万元。

最后，上海市某税务局根据相关法律法规追缴该公司2015至2016年增值税16.343975万元，追缴城市维护建设税0.163441万元，追缴河道工程修建维护管理费0.163441万元，查补教育费附加0.49032万元，追缴2016年文化事业建设费9.023063万元，追缴2015年企业所得税75.903486万元，决定处应扣未扣个人所得税罚款2.174981万元、发票罚款0.8万元。

从上面的案例看出，用于免税项目的进项税额是不得抵扣的；企业在业务宣传、广告活动、企业年会、座谈会、庆典和其他活动中向本单位以外的个人赠送礼品时，要按照“其他所得”缴纳个人所得税；那些提供广告服务和提供娱乐服务的单位和个人，应该规定缴纳文化事业建设费；企业发生的支出，如果要税前扣除，需要取得税前扣除的凭证，才能有效。

想要少缴税，还是要寻找合法的途径，千万不要去触碰法律的红线，后果很严重。

第五节　在合法的前提下应对税务稽查

在日常的工作中，纳税人的涉税风险可能会慢慢累积，纳税人自己无法决定是否会被稽查，但面对税务稽查时应该知道如何在合法的前提下应对税务稽查、如何处理稽查中的相关问题，这对能否控制企业风险有着重要的作用。

本章前面介绍了税务稽查的流程，从中了解到之所以会被稽查的原因有：被举报，尤其是内部人举报；被评估确定；被牵连，因为关联企业被检查；因为非税收的原因等。下面 8 种类型的企业容易被税务稽查。

更容易被税务稽查的企业

· 税收风险等级为高风险的企业。
· 两个年度内两次以上被检举且经检查均有税收违法行为的企业。
· 在受托协查事项中存在税收违法行为的企业。
· 长期纳税申报异常或长期零申报的企业。
· 纳税信用级别为D级的企业。
· 被相关部门列为违法失信联合惩戒的企业。
· 利用个人账户避税的企业。
· 存在其他异常情况的企业。

一、税务稽查的风险

为什么企业听到税务稽查就不自觉地害怕呢？因为税务稽查可能让企业面临以下 3 类风险。

（一）补税、加收滞纳金还有罚款的风险

企业一旦被查出少缴纳了税款，肯定会要补税，并加收滞纳金，有的还会有罚款。这个罚款是有一定弹性的，所以，企业面临被处罚时，一定要态度端正，在合法的前提下为企业争取少的罚款。滞纳金是根据税务系统中的

计算自动出来的，与补税金额及时间长短有关。有时，滞纳金比补缴税款都多。

（二）被媒体曝光的风险

有时，我们会看到媒体报道某某纳税人偷漏税的新闻。其实，这些报道通常都是税务或海关等执法部门想要发挥稽查的震慑作用，主动请媒体曝光的。

（三）被追究刑事责任的风险

如果涉税问题过大，构成了犯罪事实，稽查部门会移交公安部门，依法追究刑事责任。根据刑法的有关规定，与税收有关的罪名有：逃税罪、抗税罪、逃避追缴欠税罪、骗取出口退税罪、虚开发票罪等。

二、税务稽查后的风险防范目标

纳税人如果被税务稽查了，应该努力争取以下几个目标，在合法的前提下尽量减少企业被税务稽查后的风险。

（一）在合法的前提下尽量争取较低的罚款倍数

如果是少缴税款的问题，那么，税款、滞纳金没有商量的余地，但罚款却是有弹性的。《税收征管法》中规定罚款的标准通常是，“不缴或者少缴税款的百分之五十以上及五倍以下”，当已经确认必须得补税以后，纳税人就要在合法的前提下努力争取一个较低的罚款倍数。

（二）在合法的前提下争取不被媒体曝光

企业如果出现什么不好的事情，被媒体曝光之后，如果是上市公司，股票肯定会大跌。即便不是上市公司，被媒体曝光后，好不容易建立的品牌效应肯定也会受到很大的冲击。企业被稽查出问题后，要尽量在合法的前提下避免被媒体曝光，给自己减少不必要的麻烦。

（三）在合法的前提下尽量避免被追究刑事责任

当税务稽查部门觉得案件过大时，就会将案件移送公安机关。如果被公安机关立案侦查，那么，通常是会被判刑的。如果是海关缉私，海关部门可以直接移送至检察机关，由检察机关提起公诉。所以，纳税人在税务稽查后要尽量在合法的前提下避免再失去人身自由。

三、应对税务稽查的四个原则

为了达到上面的3个风险防范目标，纳税人被稽查时该怎么做呢？

（一）不要慌张，自查自纠，规避风险

我们国家是依法治国、依法治税的，通常情况下，税务稽查之前都会给纳税人机会进行自查自纠的。这个时候，一定不要掉以轻心，要认真应对，仔细梳理公司的业务，自查报告要涵盖公司的所有业务，要有理有据，尽量解答稽查人员的部分疑惑。如果企业的业务、经营等各项事宜都是合法的，稽查部门是不会为难企业的。

（二）学会沟通，多问多学、不存侥幸

在自查过程中，对于税收政策方面有疑惑的地方，一定不要自以为是，要多学多问，弄明白，不要心存侥幸希望可以蒙混过关。如果发现把握不准的问题要及时反映给税务机关，避免不必要的风险。面对稽查，要抱着不漏交一分钱的心态。

（三）充分准备，不卑不亢

在税务稽查过程中，如果遇到有分歧的问题，而自己又恰好有把握的，要不卑不亢地争取，尤其是一些重大事项，要在合法的前提下有技巧地力争。税务稽查有自己的程序，那么，稽查人员也有执法的风险，稽查结论不是简简单单就下的。所以，在稽查人员下结论之前，在合法的前提下与对方沟通，争取把风险避免掉。

（四）了解稽查内容

根据本章之前的内容，了解税务稽查的相关内容，注意稽查人员的执法是否符合法律程序，在协助税务稽查的时候也要维护企业的合法权益。

如果纳税人没有做什么违法的事情，那么，税务稽查就没什么，抱着在稽查过程中还可以学习的心态，好好配合稽查人员就行。想让自己的企业长久生存下去，遵纪守法是首要的、最重要的前提条件。

第六节　《税收完税证明》的变化

2018 年 12 月 5 日，国家税务总局将以往的个人所得税《税收完税证明》调整为《纳税记录》。公告内容是：从 2019 年 1 月 1 日起，纳税人申请开具税款所属期为 2019 年 1 月 1 日（含）以后的个人所得税缴（退）税情况证明的，税务机关不再开具《税收完税证明》（文书式），调整为开具《纳税记录》；纳税人申请开具税款所属期为 2018 年 12 月 31 日（含）以前个人所得税缴（退）税情况证明的，税务机关继续开具《税收完税证明》（文书式）。

个人所得税纳税记录就是缴纳个人所得税的纳税人，从税务机关那里可以获得一份缴纳税收额度的证明。

纳税人可以通过电子税务局、手机 App 申请开具自己的个人所得税《纳税记录》，也可到办税服务厅申请开具。如果自己没有时间，也可以委托他人带着委托人及受托人有效身份证件原件和委托人的书面授权资料，到当地的办税服务厅代为开具个人所得税《纳税记录》。

个人所得税《纳税记录》的验证服务由税务机关提供，大家也可以通过电子税务局、手机 App 等方式进行验证。

可能有人会问，这个证明我只申报了还没有缴纳税款，能开吗？公告规定：只要纳税人是 2019 年 1 月 1 日后取得应税所得，扣缴义务人向税务机关办理了全员全额扣缴申报，或者自行向税务机关办理了纳税申报的，不论有没有实际缴纳税款，都可以申请开具《纳税记录》。如果纳税人对个人所得税《纳税记录》有异议，可以向税务机关申请核实。

其实，除了《纳税记录》证明纳税人已经交税外，还有代扣代缴义务人在代扣税款时为纳税人开具的《中华人民共和国代扣代收税款凭证》，以及自行申报纳税人缴纳税款时取得的《中华人民共和国税收通用完税证》或《中华人民共和国税收缴款书》，都是纳税人缴纳税款的纳税凭证，与《纳税记录》具有同等证明作用。

对于纳税人来说，个人所得税《纳税记录》有什么作用呢？通常在办理贷款、购房、出国、移民、求职、保险等事项的手续中，个人所得税纳税记录是不可或缺的重要凭证。

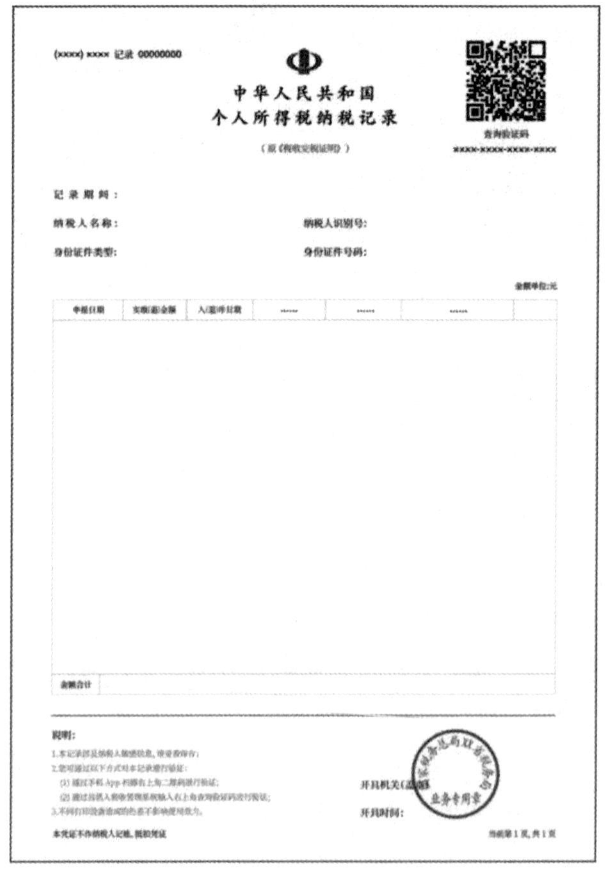

(xxxx) xxxx 记录 00000000

中华人民共和国
个人所得税纳税记录

（原《税收完税证明》）

查询验证码
xxxx-xxxx-xxxx-xxxx

记录期间：

纳税人名称：　　　　纳税人识别号：

身份证件类型：　　　　身份证件号码：

金额单位：元

申报日期	实缴(退)金额	入(退)库日期	……	……	……	
金额合计						

说明：

1.本记录涉及纳税人敏感信息，请妥善保存；

2.您可以通过以下方式对本记录进行验证：

(1) 通过手机App扫描右上角二维码进行验证；

(2) 通过自然人税收管理系统输入右上角查询验证码进行验证；

3.不同打印设备造成的色差不影响使用效力。

开具机关（盖章）：

开具时间：

本凭证不作纳税人记账、抵扣凭证　　当前第1页，共1页

第十章

企业的涉税风险及防控措施

第一节 企业税务风险产生的原因

企业税务风险是企业经营活动中面临的风险之一。一般认为，企业税务风险是指企业的涉税行为因未能正确有效地遵守税法规定，而导致企业未来利益的可能损失，通常包括两个方面：一是指企业的涉税行为不符合税收法律法规的规定，应纳的税未纳、少纳，从而面临补税、罚款、加收滞纳金、刑责（判刑、罚金）以及声誉损害等风险；二是指企业在经营行为中对税法理解不准确，没有合理利用相关税收政策，从而多缴纳了税款，承担了不必要税收负担。

根据国家税务稽查机关的统计数据显示，我国有近 75% 的企业存在涉税问题。不仅小企业存在涉税风险，就是一些大企业也因为对税务风险防控不严而出现过税收上的麻烦，给企业带来了很大的损失。税务风险已经成为我国企业的一颗“定时炸弹”。

企业税务风险产生的原因有很多，涉及企业日常经营活动的每个环节，既有外部原因，也有内部原因。想要有效防控企业税务风险，就必须了解其产生的具体原因和关键因素，从源头上加以杜绝，这才是根本的解决之道。如果哪里出问题整改哪里，只能预防一时，不能从根本上解决问题。

企业税务风险内部原因	企业税务风险外部原因
· 企业缺乏税务风险意识 · 企业内部税务控制制度不健全 · 企业缺乏完备的内部税务审计制度 · 企业税务筹划不当	· 税收法规变化

一、企业税务风险产生的外部原因

我国的税收法规根据经济的发展，在不停地补充、修改，甚至废除旧的法规，建立新的法规。每一年，国家税务总局发布的税收管理文件都有好几百份，一些地方税务机关还在增发或者转发，基本上每个月都是几十份，有的税收政策随时都有可能进行调整，这可能会给企业带来一定的税务风险。

有时，企业根据之前的政策做了税务筹划，但到了年末时国家税务总局发出一个新的规定，导致之前筹划的法律依据不能再用，这就导致企业的筹划失败。这样的风险还不好避免，只能在筹划的时候多准备几种方法，不要只依赖于一种方法。

二、企业税务风险产生的内部原因

（一）企业缺乏税务风险意识

很多企业认为企业税务风险是财务部门的事，跟其他业务部门没有关系，从而放松了对其他部门的税务管理。其实，企业的税务风险不仅仅是在财务部门产生的，企业的各项经营决策和管理都对企业的税负产生直接或间接的影响。企业在生产经营的各个环节上缺乏税务风险的意识，这是导致企业内部税务风险的主要原因。

（二）企业内部税务控制制度不健全

企业内部税务控制制度是指企业为了保证其战略发展目标得以实现，从而遵纪守法，制定一系列预防、审查、发现和纠正错误及舞弊的制度和规程。但是，现实中的很多企业并不重视这方面的建设，没有意识到建立内部防控机制的重要性，从而没有设置必要的企业内部税务专业机构。

一些中小型企业的财务部门通常会兼任会计和税务两种职责，当发现企业出现某些税务问题时，会试图通过账面的调整来规避这些税收风险，这就产生了违法行为。有的企业虽然设置了专门的内部税务机构，但也只是履行一些基本的纳税义务，对企业的整体税务没有一个良好的规划，没有将税务理念贯穿到企业生产经营的各个环节。所以，也不能规避税务风险的各项行为。并且，企业内部的税务机构的员工的能力和责任心各有不同，这都会导致企业税务风险的发生。

（三）企业缺乏完备的内部税务审计制度

我国很多企业并没有建立起健全完善的内部税务审计制度，导致企业内部的审计人员缺乏相关的专业知识，无法对企业的涉税事务进行有效检查和评估，只会根据税务机关的硬性要求对企业的涉税活动进行被动地检查。还有的企业委托一些外部的税务中介公司对企业进行检查，其实有的税务中介公司并不能很好地完成这些工作，并且，他们对企业的生产状况和涉税情况只是表面了解，对于隐藏比较深的东西常常无法看出，有时为了一些利益，能随随便便就给企业出具一个审计报告。这些都给企业带来了税务风险。

（四）企业税务筹划不当

有很多企业并没有进行什么税务筹划，或者对税务筹划的理解有误，常常使用一些有违法风险的方法去避税，这是坚决不可取的。有的企业虽然进行了有效的税务筹划，不过往往过于主观，错误地理解了国家的政策法规，忽视了法规的特定使用条件，从而犯了政策适用错误并因此产生了税务风险。

企业税务风险产生的原因还有很多，每一家企业的情况不同，风险原因也会不同。虽然税务风险不可避免，但却可以在合法的前提下用有效的方法将税务风险控制在一个合理的或企业可承受的范围内。

第二节　企业经营各方面的涉税风险

一、企业在注册阶段存在的涉税风险

企业税务风险产生的原因有很多，有些企业故意偷税、漏税，有的企业因为对税收法规理解不到位而没有及时交税，有的企业因为对税务风险存在的安全意识淡薄也会导致一些税务风险。

税收是国家为了满足社会公共需要，凭借公共权力，根据法律规定的标准和程序，参与国民收入分配，强制取得财政收入的一种方式。它体现了一定社会制度下国家以纳税人在征收、纳税的利益分配上的一种特定分配关系，是国家实现其职能的重要基础，税收对国家经济生活和社会文明都有着重要的作用。因此，企业必须向国家纳税，这是企业实现其社会职能的途径，任何企业都不能逃避。否则，就会受到相应的法律处罚。

在企业注册阶段通常会存在以下 3 种主要风险。

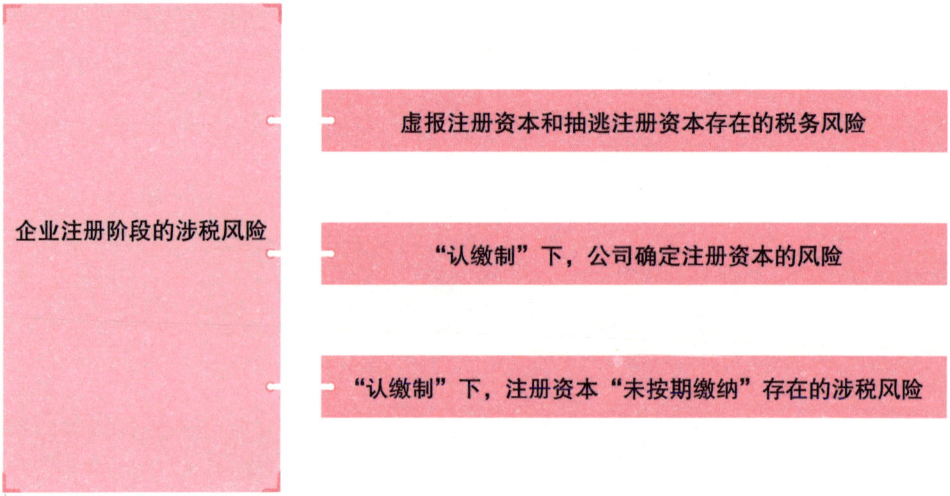

企业注册阶段的涉税风险

虚报注册资本和抽逃注册资本存在的税务风险

“认缴制”下，公司确定注册资本的风险

“认缴制”下，注册资本“未按期缴纳”存在的涉税风险

（一）虚报注册资本和抽逃注册资本存在的税务风险

之前，有些公司在注册的时候，跟会计事务所联合起来，让它们出具假验资报告进行注册。后来，随着监管措施的加强，这样的现象有所减少。不过，有些公司又发现了新的途径，改用中介公司代为垫资，钱是打到公司账户了，但等验资结束后马上就把注册资金抽走。有的公司资金是自己出的，但公司注册完后不久，就把注册资金转出挪作他用。于是，财务上就形成了一个长期应收款，一直挂在公司账面上。

有的企业管理者说："把注册资金放在公司账面上有什么用，我把它挪出来用于公司生产，创造税收有什么错？再说，我很多朋友也是这么操作的，也没见有什么事。"到底会有什么事，我们来看看一些法律法规的具体规定。

工商部门在每年年检时如果发现虚报注册资本取得公司登记的，除了由公司登记机关责令改正外，还要处以虚报注册资本金额的5%~15%的罚款，情节严重的将撤销公司登记或者吊销营业执照。对于公司的发起人、股东在公司成立后抽逃出资的，由公司登记机关责令改正，并处以所抽逃出资金额的5%~15%的罚款。

（二）"认缴制"下，公司确定注册资本的风险

2013年12月28日，第十二届全国人大常委会第六次会议审议并通过了《公司法》修正案草案，开始将公司成立时的实缴登记制改为认缴登记制。除了一些特殊类别的公司必须实行注册资本实缴登记制外，其他行业可以实行注册资本认缴制。

有些投资人看到资本不用实缴后，认为注册资本越大越好，反正也不用验资，也不用履行实际出资，自己公司的注册资本多写点，还能让别人感觉实力雄厚。于是，出现了很多"虚胖"的公司。其实，这些"虚胖"的公司给股东或投资人留下了很大的风险。

根据《公司法》的规定，出资金额可以由股东（发起人）自行决定。于是，有人认为股东（发起人）可以随意认缴注册资本，并且可以无限期不履行出资的义务。其实，这样的理解是错误的。即便根据《公司法》，股东（发起人）仍然在认缴出资的范围内对公司承担有限责任。虽然可以自行约定出资期限，但并不意味着可以无限期不履行出资的义务。即使没有法定出资期限的强制要求，履行出资义务的股东（发起人）仍然有权要求未履行出资义务的股东（发起人）承担出资的义务。所以，股东（发起人）在成立公司时，要理性、客观地确定注册资本及出资期限，切记不切实际地认缴出资，以免加重自己的责任，到时承担不必要的违约责任。

企业在跟其他企业进行合作时，也不能仅通过注册资本去判断其规模的大小，要去相关部门核实其实际认缴了多少来判定对方企业规模的大小，以规避合作过程中的风险。

（三）“认缴制”下，注册资本“未按期缴纳”存在的涉税风险

企业注册资本由实缴制改为认缴制后，对那些未按期缴纳的注册资本不要进行账务处理。否则，将会带来多项涉税风险。实行注册资本认缴制的企业，公司对于未按期缴纳的注册资本，如果没有进行账务处理，那么“实收资本”是没有增加的，实收资本的印花税是不需要缴纳的。

在一个纳税年度内，如果个人投资者从其投资的企业（个人独资企业、合伙企业除外）进行借款，在纳税年度终了后既不归还，也没有用于企业的生产经营，那么，那些没有归还的借款被视为企业对个人投资者的红利分配，借款者需要按照“利息、股息、红利所得”来计征个人所得税，并按时交纳。

对于企业未按期缴纳的注册资本，应该按照从银行融资的利息计算，也就是投资者实缴资本额与在规定期限内应缴资本额的差额应该计付利息。根据国家税务总局《关于企业投资者投资未到位而发生的利息支出企业所得税前扣除问题的批复》（国税函〔2009〕312 号）的规定，这部分的利息是不属于企业的合理支出的，应该由企业投资者去负担，在计算企业应纳税所得额时要扣除。所以，在计算企业应纳所得税额时要注意去除这部分，不要给企业的所得税埋下隐患。

虽然有的风险现在看起来没有引起什么危害，但当企业发展到一定规模后，这些风险可能会带来致命性的打击。企业还是要从最开始的时候就对税务风险有所防范，并提高企业的风险意识，制定完善的财务制度，这样才能走得更远，就像我们想要建高楼必须要打好地基一样。

二、企业在融资方面存在的涉税风险

现在，随着我国经济的迅速发展，融资已经成为不少企业扩大生产规模的最优选择，但有些企业在融资过程中没有注意到其中的风险或认识有误，

导致企业不仅没有达到扩大生产规模的目的，还给自己的企业带来了很大的风险。

下面，我们主要讲企业融资在涉税方面的风险，供大家参考。

（一）企业融资过程中的印花税风险

通常来讲，企业融资借款，借贷双方都会签订相关的合同或者协议，我国对融资租赁合同有关印花税政策是统一按照借款金额的0.5‱的税率计税贴花，也就是缴纳0.5‱的印花税。印花税是行为税，企业只要有了税法规定的经济行为就必须缴纳印花税。不过，根据借款合同不同，计税依据和贴花金额也是不同的，企业在融资过程中要视具体情况而定。

某年3月份，A公司与甲银行签订了借款合同，甲银行分批放贷，并且每次放贷时还填写了借据。同年6月份，A公司又向乙银行贷款，乙银行只签订了借款合同就放贷了。那么，A公司对甲、乙两家银行的借款合同贴花时要注意：一项信贷业务只需要对借款合同约定的借款金额贴花就行，不需要对每次放贷的借据贴花。如果没有签订借款合同，但每次放贷时签署了借据的，那就根据借据上约定的借款金额计算应缴纳的印花税，并在借据上贴花。同年9月，A公司将自有的一栋大楼抵押给丙银行办理了1亿元的抵押贷款。那么，就应该按照1亿元的借款合同缴纳印花税。后来，A公司无法偿还丙银行的贷款。于是，这栋大楼的产权就转移给了丙银行。这时，双方需要另外签订产权转移合同，并按照产权转移的合同适用的税率缴纳印花税。

需要注意的是，印花税是行为税，只要企业签订了税法规定需要缴纳的印花税合同就必须贴花，即便后来合同没有履行或作废也都需要缴纳。此外，“营业税改征增值税”之后，之前列在“管理费用”科目下的印花税，调整到

“税金及附加”科目。

（二）企业融资过程中所得税风险

《中华人民共和国企业所得税法实施条例》规定企业在生产经营活动中发生的合理的不需要资本化的借款费用是可以税前扣除的。企业为购置、建造固定资产、无形资产和经过12个月以上的建造才能达到预定可销售状态的存货发生借款的，在有关资产购置、建造期间发生的合理的借款费用，应当作为资本性支出计入有关资产的成本，并依照其规定扣除。

企业在生产经营活动中发生的下列利息支出，准予扣除。

（1）非金融企业向金融企业借款的利息支出、金融企业的各项存款利息支出和同业拆借利息支出、企业经批准发行债券的利息支出。

（2）非金融企业向非金融企业借款的利息支出，不超过按照金融企业同期同类贷款利率计算的数额的部分。

上面所说的“同期同类贷款利率”指的是贷款期限、贷款金额、贷款担保以及企业信誉等条件基本相同下，金融企业提供贷款的利率。这个利率可以是金融企业公布的同期同类平均利率，也可以是金融企业提供的实际贷款利率。企业在扣除向非金融机构贷款利息时要注意不能超过同期同类贷款利率。

通常来讲，企业在融资时的主要方式是向金融机构和非金融机构借款，还有发行债券、发行股票、融资租赁、企业自我积累和企业内部集资等。不同的融资方式有不同的税收政策，会产生不同的税负。

企业的融资渠道大致可以分为负债和资本金两种方式。根据《中华人民共和国企业所得税法》的规定，企业在生产、经营期间，向金融机构的借款利息是可以按实际发生数额扣除的；向非金融机构的借款利息，不得高于同期同类贷款利率，超出部分不准扣除。

根据《中华人民共和国企业所得税法》的规定，向投资者支付的股息、红利等权益性投资收益款项在计算应纳所得税额时是不得扣除的。所以，企业采用增加资本金方式来融资时所支付的股息或者红利是不能税前扣除的。所以，企业如果想节税尽量选择负债的融资方式，而不是权益类的融资方式。

在企业融资的过程中，有些小企业直接跟银行贷款可能存在一些难度，不好批下来。于是，有的股东直接向银行贷款，再把资金贷给企业用。这时，股东如果在贷款合同中注明企业使用，并跟银行商量好到时贷款直接汇入企业的公司账户的话，银行出的利息票据虽然是股东个人的名字，但根据实质重于形式的原则，这个利息是可以税前扣除的。不过，有的企业从银行贷款后，贷款又无偿借给个人使用，这里就有风险，现举例说明。

假设2018年某企业以购进原材料为由从银行贷款400万元，当月企业将贷款分批次无偿借给个人使用。到2018年年底时，该企业向银行支付了18万元的贷款利息。2019年，企业进行所得税汇算清缴时没有进行调增，企业应纳税所得额是290万元，符合2019年小微企业所得税优惠政策，其所得税税负是10%。所以，该企业2019年需缴纳所得税为29万元。后经税务部门稽查，该企业的利息费用与生产经营无关，不得税前扣除。于是，该企业的应纳税所得额就变成了308万元，已经不能再享受国家的优惠政策了，其所得税税负适用于25%，该企业2019年需缴纳所得税为77万元，还需要补交所得税48万元。当然，税务机关还会对该企业进行处罚。

企业在融资的时候，一定要重视可能会涉及的各种涉税风险，做到防微杜渐。只有这样，企业才能健康地发展。

三、企业在收入方面存在的涉税风险

一些企业为了少缴税款，采用各种方法人为隐瞒企业的收入，虽然当时可能达到可少缴税款的目的，殊不知这些“小伎俩”给企业的后续发展带来了很大的隐患，有时得不偿失。下面，我们看看企业在收入方面存在那些涉税风险。

（一）隐藏收入不入账

有的企业会设置账外账或内外账，也就是企业设置两本账或多本账，把有些不要发票的销售收入不计入企业的针对税务部门的外账，只计入企业的内账，实现资金的体外循环。

因为收入长期少记或者不计，会导致企业常年出现亏损或者处于微利的边缘，这样的企业不但没有倒闭，反而生产经营规模却越来越大。因为规模不断扩大，企业账面资金会出现不足。于是，这样的企业会不断向股东借款。

所以，这种企业偷税漏税的表现形式就是：企业外账与股东的往来账发生额较大，而且发生频繁。

（二）收入长期挂在往来账上

有的企业，如果客户不需要企业出具发票时，收到销售款时就把它挂在往来账上，计入应付账款或者其他应付账款，不做纳税申报，从而少纳税。这种偷税漏税的表现形式就是：应付账款科目长期挂账。

税务人员说：《中华人民共和国税收征收管理法》第六十三条规定：纳税人伪造、变造、隐匿、擅自销毁账簿、记账凭证，或者在账簿上多列支出或者不列、少列收入，或者经税务机关通知申报而拒不申报或者进行虚假的纳税申报，不缴或者少缴应纳税款的，是偷税。对纳税人偷税的，由税务机关追缴其不缴或者少缴的税款、滞纳金，并处不缴或者少缴的税款百分之五十以上五倍以下的罚款；构成犯罪的，依法追究刑事责任。

（三）不按规定确认收入

根据国家的法律法规，企业销售产品和提供劳务的收入确认必须遵循权责发生制原则和实质重于形式的原则。但是，有的企业却不按规定确认收入，采用延期确认收入的方式来达到滞后纳税申报。按照税法的规定，企业“应于商品发出时，确认收入的实现”，如果企业扣押结算凭证，将当期收入转入下期再入账，或者采用预收账款的销售方式将已经发出的商品交易不入账，将会给企业带来税务风险。其实，这样的风险是可以合法规避的，因为纳税的时间跟结算方式有关，只要把销售合同中收款结算方式稍加改变就能达到目的，并没有风险。

（四）价外收入不入账，私设小金库

有的企业将价外收入或者零星收入（比如一些边角余料变卖后的收入）不入账，而是放入私设的小金库，隐瞒收入。不少企业有这样的操作，因为价外收入和零星收入占收入的比重较小，这种方法不容易被发现，但存在很大的涉税风险。

（五）一些需要视同销售的行为不按规定确认收入，不做纳税调整

有的企业将购进的货物无偿赠送其他单位或者个人，但却不按规定视同销售货物来计算并缴纳税款。有的企业将用于交际应酬的礼品赠送，没有按规定视同销售确认收入。出现这样的原因可能是财务人员不了解国家的法律

政策，或者是故意为之，不管是什么原因造成的，这都是企业的涉税风险，企业应该避免。

企业应该检查管理费用、应付职工薪酬、福利费等科目，核查看看企业有没有将自产、外购的货物无偿赠送他人，或将自产的货物用于职工福利或个人消费未计税款。看看是否存在将外购的水、电、气用于职工福利没有按规定算成销售收入。查看公司收取的安全生产保证金，在扣除当年实际发生的损失赔付和返回后，余额（含利息）是否没有确认收益，没有纳税。

（六）销售使用过的固定资产，不缴增值税

有的企业在处置自己使用过的固定资产，像处置旧汽车、旧设备时，不算销售，不缴纳增值税；或者没有按照正确的征收税率缴纳增值税，把原本适用税率征收的增值税错按征收率减半的征收增值税，这会给企业留下涉税风险。

（七）企业出售废旧货物，不计算缴纳增值税

有的企业在销售自己使用过的，除固定资产以外的废旧包装物、废旧材料等时，不按规定申报缴纳增值税。企业应该检查自己销售的旧物是否存在未计提增值税或者是否适用了正确的税率。

（八）销售购进的水、电未缴纳增值税

像加油站，通常会向施工方收取水电费；有的企业在租赁房屋后会单独收取水电费，这些费用都是要缴纳增值税的。有的企业用上面的费用去冲减管理费用、制造费用等，从而不缴纳或者忘记缴纳该计提的增值税，给企业留下涉税隐患。

（九）政策性搬迁收入未计入收入总额

有的企业将政策性搬迁收入，在扣除固定资产重置、改良支出、技术改造支出和职工安置支出后的余额直接挂在往来科目上，没有计入收入总额。检查企业业务支出或者专项应付款等科目，审核相关的文书，根据税法的规定对于扣除支出后的余额进行收入纳税调整，不要留下风险。

（十）取得手续费收入，未计入收入总额

有的企业在代扣代缴个人所得税时会收取相关的手续费，但却没有作为收入，而是挂在往来账上。检查其他应付款科目下的“其他”“手续费”等明细科目，看其贷方发生额及余额，看是否存在有的手续费没有计入收入，如果有的话就根据税法的规定调整收入。

（十一）租金收入没有按收入与费用配比原则去确认收入

有的企业在将土地使用权出租时，存在跨年度取得租金收入的情况，已经把相关的成本摊销计入了成本，但租金收益却没有确认。对其他业务收入等科目进行检查，并审核租赁合同，根据税法的规定进行纳税调整。

企业在生产经营中，会有无法支付的款项，检查应付账款、其他应付款明细科目中长期未核销余额，把他们计入收入总额。对于企业没收的购货方的违约金，要及时计入收入总额，检查预收账款科目，找到核算单位长期不变的原因。对于企业的内部罚款，检查其他应付款科目下面的明细科目贷方发生额及原始凭证，如果可以确认不再退还当事人，要及时确认收入。对于取得的补贴收入，如果不符合不征税收入的条件，要及时根据税法的规定调整收入，以免给企业带来涉税风险。

四、企业在成本费用方面存在的涉税风险

有的企业为了少缴纳企业所得税，就尽量多列支成本和费用，把一些不能当作成本和费用的也列入了，从而给企业带来了很大的风险。企业在成本费用的涉税风险主要体现在以下几个方面。

（一）用收据和白条代替正规发票

有的企业无法取得正规的费用发票，就用收据白条入账，这是不符合国家税法规定的，应该在合法的前提下进行纳税调整。我国实行的是“以票控税”的管理制度，对于不符合国家规定的票据是不能入账的，是不能税前抵扣的。

有的企业在给员工缴纳工会经费时，取得的是普通收款收据拨缴工会经费，不是工会经费拨缴款专用收据。如果直接冲减费用，在申报当年所得税时需要进行纳税调整。在申报所得税前，检查企业管理费用—其他—特批费和应付职工薪酬—工会经费等科目，看看下面是否有不符合国家规定的项目，有的话就自行在合法的前提下调整，不要等税务稽查来调了。

有的企业计提但实际并未支出安全生产费；有的企业收到总部返回的一些费用，但并没有冲减相关的费用；有的企业对返回款变成资产的，在税前重复列支折旧和摊销，在汇算清缴时没有在合法的前提下做纳税调整，这些都

是需要注意的。

有的企业虽然计提了职工福利费和补充养老保险，以及计提工会经费等，但实际并没有为员工缴纳，计算企业所得税时这部分的费用并没有在合法的前提下做纳税调整。在申报企业所得税前要核查其他应付款科目，检查企业当年发生的工资、福利费、工会经费和补充养老保险的凭证是否有效齐全，是否能在税前扣除。如果不能扣除，就应该在合法的前提下做税前调整。

（二）把一些与收入无关的费用作为企业的费用列支

有的企业只要是支出都算作费用，其实，一些与收入无关的支出是不能算作费用列支的，在计算企业所得税时是需要合法调整的。

有的企业甚至把本应该由个人负担的一些费用也作为企业发生费用列支，像个人所得税、私人车辆油费、修车费、停车费、保险费等，或者其他个人家庭消费的发票也充当公司的费用；还有，有的企业把已经出售给职工个人的住房的住房维修费，还有职工参加的社会上学历教育以及个人为取得学位而参加在职教育所需费用都列支在公司的管理费用中，这些在汇算清缴时都需要在合法的前提下做纳税调整。

（三）虚报员工人数，虚增工资

有的企业为了降低企业的当年的利润总额，采用虚报员工工资的方法来偷逃税款。其实，这种方法的风险非常大，企业不应该使用。

（四）虚开发票增加成本或者随意调整纳税期间的成本费用

有的企业为了少交增值税或者企业所得税，去虚开一些进项税进行抵扣或冲减费用，这个在前文中已经讲过，虚开发票是国家最近这两年的重点打击对象。

有的企业为了达到少缴或者不缴税款的目的，在成本结算时不按照会计准则要求的“配比原则”，而是随意调整或者提前结转成本费用。比如，随意改变存货计价的方法，随意改变成本分配的方法，将本应该资本化的费用进行费用化。这些都需要注意，要在合法的前提下做税前调整。

有的企业把以前年度的费用，在本年列支。所以，企业在汇算清缴时应看看那些以前年度应计未计的费用、应提未提的折旧是否在当年及以前补计或补提过。

对于企业在建造、购置固定资产发生的利息支出，应该资本化，而不能作为财务费用进行税前列支。如果税前列支，需要在合法的前提下做纳税调整。对于本应予以资本化的固定资产大修理支出、一次性列支，需要在合法的前提下做纳税调整。

（五）各种劳务报酬没有计算在工资薪金内

有的企业把一些补贴性质的劳动报酬，像年终奖、岗位能手奖金、津贴等，不通过应付职工薪酬的科目进行核算，没有合并计入工资薪金总额计算纳税调整。有的企业对于一些临时工、返聘离退休人员以及接受外部劳务派遣实际发生的工资薪金性费用，并未合并计入工资薪金总额去计算纳税调整。有的企业对超过政府有关部门限定数额的工资薪金性支出也未作纳税调整。所以，企业应该审核政府公布的工资支出标准，对一些不符合税法规定的薪资在合法的前提下做纳税调整。

（六）职工的福利超出税法规定的扣除标准

有的企业没有将一些福利费性质的费用计入职工福利费科目进行核算，像防暑降温费、餐饮费用等，没有将这些并入福利费总额计算纳税调整。所以，企业在汇算清缴时企业应检查管理费用、销售费用、营业费用等科目下像专项费用、差旅费用、特批开支等明细科目，看看是否存在本应作为工资薪金的津贴、补贴、奖励、加班工资等支出没有进行相应的合法调整。

对于职工的补充养老保险费和补充医疗保险费，不要超过税法规定的扣除标准，对于超出部分要进行合法调整。企业为职工支付的符合规定的商业保险费，应分别计入职工的个人工资薪金，视同个人购买，按照一定限额准予扣除，不能扣除的要在合法的前提下进行纳税调整。

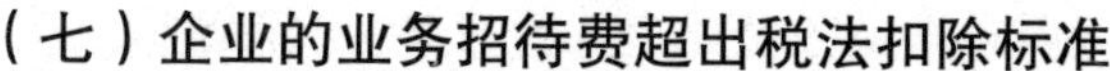

（七）企业的业务招待费超出税法扣除标准

有的企业在计算业务招待费时，虽然按照当年发生额的60%扣除了，但却没有计算看看是否超过当年销售（营业）收入的5‰，给自己留下了隐患。有的企业为了少缴税款，将一些业务招待费记入会议费，这都是不合法的。

（八）一些赞助性支出未做调整

有的企业把一些赞助性支出也作为费用，应该在合法的前提下做纳税调整。

对于一些税收滞纳金和罚款，已在税前扣除的，需要在合法的前提下做纳税调整。对于一些不符合规定的劳动保护支出，需要在合法的前提下进行纳税调整。企业以现金形式发放的劳动保护支出，应区分支出性质并入工资或职工福利费中，按相应规定扣除。

五、企业在物资采购中存在的涉税风险

物资采购是企业经营活动的重要组成部分，主要包括材料、设备工具等物资的采买活动，是企业物资管理的重要环节。如何有效控制物资采购中存在的涉税风险，确保物资采购工作的顺利高效，是企业必须认真面对的问题。首先，我们要了解企业在物资采购中可能存在哪些涉税风险，才好有意识地合法规避。

（一）增值税

1. 虚假发票

有的企业为了获得更多的增值税进项来抵扣销项税，降低自己企业的税负，在采购过程中缺乏对供货方的必要考察，得知对方可以开增值税专用发票后，对货物的来源、发票的来源及货款的去向都漠不关心，认为只要取得进项税发票就行。

税务人员说：《中华人民共和国税收征收管理法》第二十二条规定：增值税专用发票由国务院税务主管部门指定的企业印制；其他发票，按照国务院税务主管部门的规定，分别由省、自治区、直辖市国家税务局、地方税务局指定企业印制。未经前款规定的税务机关指定，不得印制发票。

在采购过程不能辨别出对方发票的真伪，是不是虚开的，或者违法的，最后导致不能正常抵扣。有

的当期虽然抵扣成功了，但后来被税务机关确认为“善意取得虚假增值税专用发票”，除了这部分已抵扣的进项税还需要重新缴纳，从而给企业带来巨大的损失，还打乱了企业的经营计划，给企业带来了风险。

此外，还要约定出票的主体是合同中的销售方。有时虽然合同签署和货物交易及款项收支双方都是采销双方，但发票却是由第三方出具的，这就有涉嫌虚开增值税发票的风险。如果企业明知这样不合法，还故意取得，情节严重的将构成犯罪。

2. 发票的种类和获取发票的时间

采购方如果是一般纳税人，就尽量从销货方取得增值税专用发票，这样可以实现增值税的优惠，能降低采购方的税负成本。如果对方是小规模纳税人，要注意核算其报的价格优惠力度，看是否大于因此多交税款的金额。

在现实交易中，经常会出现付完款后对方开不出发票的情况，导致自己企业不能按时抵扣，不仅提高了税负，有时因为税负波动过大还会给企业带来稽查的风险。为了避免销货方不给发票或者拖延开具发票的时间，采购之前要明确约定获得发票的具体时间，并在采购合同中明确约定发票出具的具体时间。力争先开票后付款，实在不行也要留下部分税款在取得发票后再支付。

3. 约定价款是否含税及税率

有的企业在为客户提供服务时，先为客户垫付了资金。不过，在收取客户的服务款时，因为没有事先约定是否含税，在客户的要求下只能按照实际收款的金额开具发票，确认收入，最后让企业缴纳了本不该交的税款。

根据税法的相关规定，增值税是价外税，但在实际交易中，通常价款大都包含增值税的。不过，为了避免争议，在合同中需要明确约定的价格是否包含了增值税，且具体税率是多少也需要明确。

有的企业在签订采购合同时，没有考虑合同的经济业务性质不同，其适用的税种和税率不同，认为只要合同中确认了收入就有法律保障了，于是导致企业多缴了税款。

（二）委托方式的选择

通常来讲，工业企业在经营中需要大量采购材料，有时因为购销渠道的限制，企业常常需要委托商业企业代购一些材料。委托代购业务，一般有两

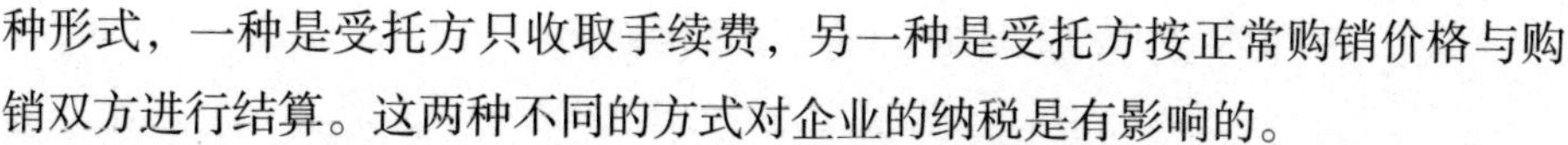

种形式，一种是受托方只收取手续费，另一种是受托方按正常购销价格与购销双方进行结算。这两种不同的方式对企业的纳税是有影响的。

受托方按正常购销价格与购销双方进行结算是指：受托方接受委托代为购进货物后，不论其是什么价格购进的，都按之前与委托方约定的价格结算。这种情况下，受托方赚取购销差价，并按正常的购销业务缴纳税款，委托方交给受托方的代购费也视同正常购进业务，可以进行增值税进项税额的抵扣，可以降低企业的税负。

企业如果采用上述的第一种方式，让受托方只收取手续费，那么，这种方式的手续费是不得进行增值税进项税额抵扣的。从节税的角度来说，还是采用上述的第二种代购方式比较好。

（三）根据购进材料的用途看是否可以抵扣

有的企业在采购材料时不考虑材料买来后用在什么方面，只是一味追求用增值税专用发票去抵扣。其实，有的材料虽然取得了增值税专用发票，但却不能用于抵扣，这无形中增加了企业的纳税负担。如果材料采购来是用于不动产在建工程的，像新建、改建、扩建、修缮、装饰加油站所购进的彩钢瓦、涂料、地砖、铝塑板、卫生洁具、墙面漆等物资，其进项税就不能用来抵扣，要做进项税额转出，如果没转就会面临涉税风险。跟这类似的还有以建筑物或者构筑物为载体的附属设备和配套设施，其进项也是不得抵扣的，需要做进项转出。还有，如果购进的物资是用于集体福利或者个人消费，像业务招待用食品、厨房设备、厂区公寓维修、职工食堂耗用的食用油和液化气等，也不得抵扣进项，需要做进项转出。

此外，还有非油气田企业取得的，不属于增值税应税劳务范围内的其他劳务，如接受技术服务、装卸、含油污泥处理和废催化剂处理等劳务，其进项税不得抵扣，需要做进项税额转出。

为了加强企业在物资采购中防范风险的能力，企业需要建立完善的物资采购流程，加强物资采购的监督管理，制定科学合理的供应商管理系统，预防企业物资采购中的税务风险。

六、企业在财务报表中存在的涉税风险

财务报表反映了企业一定时期内的业务活动，企业的资金、利润情况都可以通过报表反映出来。当然，企业如果存在偷逃税款的行为，也会通过财务报表反映出来。不管企业请来的会计水平有多强，做假账的水平有多高，想要永远隐瞒自己的违法行为是不可能的，因为财务报表不会骗人，总有些风险会通过财务报表体现出来。

（一）存货

如果企业在财务上造假了，那么，存货很难做到账实相符，通常经不起实物盘点。盘点时要么出现账大于实，要么出现实大于账。比如，某企业采购100万元的货物，全部售出，其中80万元货物开了发票，但剩下的20万元的货物没有开发票。这样一来，该企业的库存账面上应该还有20万元的货物没有出库，但实际一查库存为零，这就造成了账大于实的现象，也就是企业隐瞒了收入。

如果企业为了减少成本，从规模较小无法提供发票的供应商那里采购货物，那么，采购回来货物就无法入账，这样就会造成：虽然账面上为零，但实际仓库里却有实物，就会造成实大于账的现象。

（二）应收账款

在会计上跟企业日常经营相关的计入应收账款，与日常经营无关的计入其他应收款。对于应收账款的确认，税务上有规定：只要约定收款的日子到了，不管钱到底有没有收回来，都要确认收入。有时，虽然约定收款的日子还没到，但发票已经开出，也视同款已经收到，需要确认收入，并交纳相关的税款。此外，应收账款长期挂账涉嫌股东或关联方占用公司资金或侵占公司财产。

虽然原则上企业可以计提应收账款的坏账准备，但坏账损失的准备金扣

除是需要经过税务局机关核定的，需要税务局出具专项报告。目前，想要让税务机关认定的话，需要经过人民法院生效判决执行后，出具了执行不能的裁定才可以。

（三）其他应收款

"其他应收款"和"其他应付款"可以说是企业的两个万能科目，"其他应收款"科目用来核算企业除了应收票据、应收账款、预付账款以外的其他各种应收、暂付款项，内容繁杂，也是税务检查、稽查的重点。

在其他应收款账户下，税务风险排名第一的就是个人股东向公司的借款。现实中，股东从企业借款的现象很多，尤其是在一些中小型企业中非常普遍。但是，根据财政部、国家税务总局发布的《关于规范个人投资者个人所得税征收管理的通知》（财税〔2003〕158 号）的规定：个人投资者从其投资企业借款，在该纳税年度终了后即不归还，又未用于企业生产经营的，其未归还的借款可视为企业对个人投资者的红利分配，依照"利息、股息、红利所得"项目计征个人所得税。也就是说，如果是个人股东向公司借款，跨年后属于分红，需要缴纳 20% 的个人所得税。

如果个人股东涉及跟企业借款的，那么，需要在每年的 1 月 1 日之前偿还。否则，就面临需要缴纳个人所得税的风险。

有时，关联企业间的无偿借贷会挂在其他应收款账户下，根据财政部、国家税务总局发布的《关于全面推开营业税改征增值税试点的通知》（财税〔2016〕36 号）的规定：各种占用、拆借资金取得的收入，包括金融商品持有期间（含到期）利息（保本收益、报酬、资金占用费、补偿金等）收入、信用卡透支利息收入、买入返售金融商品利息收入、融资融券收取的利息收入，以及融资性售后回租、押汇、罚息、票据贴现、转贷等业务取得的利息及利息性质的收入，按照贷款服务缴纳增值税。同时，所得税也要进行合法纳税调整。否则，就会有风险。

（四）应付账款

应付账款账户是会计核算的常用科目之一，一般指企业购买材料、商品或接受劳务等日常经营活动应支付给供应单位的款项，通常都会在短时间内支付。有的企业因为各种原因，这个账户长期挂账，如果对这个没有处理好，企业将存在较大的涉税风险。

有的企业用这个账户来隐藏收入或者虚列成本，像虚开了增值税专用发票后，因为没有实际货款的收入，不得不将该笔款项挂在应付账款下，这是属于虚开增值税专票的行为，其进项税额是不得抵扣的，并且也不能计入成本，税务局除了追缴税款外，还要罚款，可能还会面临司法机关的处理。

如果这个账户长期挂账，会夸大资产负债率，造成财务报表的失真。如果企业存在确实无法偿付的应付款项，正确的做法是将其作为“营业外收入”，并入企业收入总额缴纳企业所得税。

（五）其他应付款

其他应付款账户是用来核算企业除了应付票据、应付账款、预收账款以外的各种应付、暂收款项。该账户核算的内容繁杂，包括各项赔款、罚金、租金、保证金等，部分原始凭证可以自制。所以，有的企业就用这个账户来调节企业的税负，达到逃税漏税的目的，是税务检查的重点账户。如果该账户余额长期不变或者余额过大，都会引起税务局的关注，可能会引来税务稽查。

比如，有的企业为了降低企业的税负，需要向其他单位购进发票，为了能安全地虚开发票，企业就会通过银行付款给开票单位，开票单位扣除开票的手续费后，将剩下的钱通过私人账户退回。于是，就形成了该企业的账外资金，但这笔资金必须回到企业周转，只能通过私人借款的方式将账外资金重新流入企业。这样一来，日积月累的其他应付款的余额就会越来越多，当超过正常水平后就会引起税务局的高度关注，给企业带来风险。

有的企业因为部分收入未入账，但企业的规模是一定的，想要合理运营资金，那么，没入账的资金还是得流回企业才能正常运营。这部分资金回来的途径只有通过私人借款的方式流回，也就是其他应付款。

下面，我们通过案例来具体说明。

某公司是生产型企业，企业所得税为国家税务局征管，该公司2014年度财务审计报告显示：其增值税应缴纳的城市维护建设税已经缴纳，其生产用房的土地使用税、房产税已缴纳，印花税也已缴纳，全年已申报缴纳的营业税为0元，工资薪金科目下的个人所得税已足额扣缴。不过，税务局对该公司进行纳税评估时，发现其2014年12月份《资产负债表》几个科目的余额变化可能产生了涉税问题：在“可供出售金融资产”科目中，年初余额为984.567862万元，期末余额为532.242126万元；在“长期股权投资”科目中，年初余额为717.539408万元，期末余额为576.756778万元；在“投资性房地产”科目中，年初余额为23.152183万元，期末余额为623.642万元。

税务局人员分析的情况如下所述。

①可供出售金融资产科目期末余额变化显著，说明存在股票、债券等金融商品买卖业务。

②长期股权投资科目金额减少，可能存在股权转让、被投资企业清算致使股权灭失、投资收回等现象。

其资产负债表中上述这两个科目的期末金额均减少，可能会涉及金融商品转让，但该公司已缴的营业税却为0元，该公司可能存在少缴营业税的问题。

③该公司的投资性房地产科目在期末余额增加较大，可能存在出租房屋等经济业务，但该公司却没有按租金缴纳房产税和营业税的记录。所以，该公司可能存在少缴房产税和营业税的问题。

根据以上的疑点，税务局人员约谈了该公司的财务人员，证实了之前的判断。经过纳税辅导后，该公司随即自查补正申报了转让股票（含限售股）应缴的营业税及附加，出租房屋应缴的房产税和营业税及附加。

七、企业在其他方面存在的涉税风险

企业的税务风险除了前面介绍的六大方面之外，还有其他方面的，下面简单介绍一下。

（一）研发费用加计扣除

企业研发费用是指企业在生产过程中所采用的技术、材料、工艺产生的一系列费用。国家为了鼓励创新，对企业研发费用采取了加计扣除的优惠政策，但这一优惠政策如果使用不正确会给企业带来税务风险。

企业在研发过程中难免会产生一些下脚料、残次品、中间试制品等特殊收入，有的企业将这些收入作为营业收入进行汇算清缴。不过，在计算确认当年的加计扣除研发费用时没有做相应的扣减，仍然用原来的研发费用作基数进行扣除。根据国家税务总局发布的《关于研发费用税前加计扣除归集范围有关问题的公告》(国家税务总局公告2017年第40号，以下简称40号文)的规定，企业取得研发过程中形成的下脚料、残次品、中间试制品特殊收入，在计算确认收入当年的加计扣除研发费用时，应从已归集研发费用中扣减该特殊收入；不足扣减的，加计扣除研发费用按零计算。

有的企业在计算研发费用加计扣除时，对同时兼顾研发与日常生产的工作人员、器械、设备的费用，没有按照研发工时进行分配，而是将他们产生的所有费用都归集到研发费用中加计扣除，这是不规范的。

40号文还规定，直接从事研发活动的人员、外聘研发人员同时从事非研发活动的，企业应对其人员活动情况做必要记录，并将其实际发生的相关费用按实际工时占比等合理方法在研发费用和生产经营费用间分配，未分配的不得加计扣除。

在研发费用加计扣除时，要严格按照国家规定的来计算，不要给企业留下涉税隐患。

(二)资源综合利用产品的自用

对于自用的资源综合利用产品视为销售，不能享受减计收入的税收优惠，需要做纳税合法调整。像用资源综合利用项目回收的蒸汽、可燃气，如果用于本企业再生产部分，将视同对外销售，不得享受企业所得税的优惠政策。

(三)企业资产处置的问题

有的企业把一些固定资产或无形资产处置了，但没有按规定计入应纳税所得额；有的企业把没有经过税务局审批的资产损失直接在税前扣除了，汇算清缴时也没有做纳税调整；有的企业的无形资产摊销年限不符合国家税法的规定，低于税法规定的最低摊销年限，但没有做纳税调整；有的企业对已经停止使用的固定资产还继续计提折旧；还有的企业直接将固定资产作为低值易耗品，一次性就摊销了，上述这些情况都是不规范的。

如果企业取得了来自于政府有关部门的不征税财政专项资金，像财政补助、补贴、贷款贴息和港口建设费分成收入等，其支出所形成的费用，或其资产所形成的折旧、摊销不得在计算应纳税所得额时扣除。

(四)城市维护建设税和教育费附加

企业缴纳消费税、增值税、营业税时，需要计算并缴纳城市维护建设税和教育费附加。不过，从2019年1月1日开始，国家放大了对小微企业的标准，规定企业资产总额在5000万元以下，从业人数在300人以下，应纳税所得额在300万元以下就能享受到所得税的优惠。国家还对小微企业、个体工商户和其他个人的小规模纳税人，将增值税的起征点由月销售额3万元提高到10万元。这里需要注意："起征点"不是"免征额"，每月只要达到10万元，就要全额缴纳增值税。

根据财政部、国家税务总局发布的《关于实施小微企业普惠性税收减免政策的通知》（财税〔2019〕13号），各省（区、市）政府对增值税小规模纳税人，可以在50%幅度内减征资源税、城市维护建设税、印花税、城镇土地使用税、耕地占用税等地方税种及教育费附加、地方教育费附加。各地符合条件的企业在申报的时候，看看自己当地都有什么优惠政策，好及时享受到国家和地方的优惠政策。

（五）印花税

虽然印花税税率低、金额小，但如果不注意细节，很容易给企业带来涉税风险。

有的企业采取"以货换货"的方式进行商品交易，根据国家税务局关于印花税的规定，这反映了既购又销的双重经济行为，应按"购销金额"征收印花税。有的企业采取网上销售货物，对于纳税人以电子形式签订的各类应税凭证应按规定缴纳印花税。对于同一凭证涉及多个税率的，如果分别记载了具体金额的，应分别计算，相加后按合计税额贴花；如果没有分别记载金额，按最高税率计算印花税。

有时，还会存在同一凭证由多方持有的情况，这时要根据相关规定各方所持的一份各自全额贴花。有时，合同在签订时暂时无法确认合同的具体金额，可在签订的时候先按定额5元贴花，以后结算时再按实际金额计税，补贴印花。

对于印花税，企业要逐项翻阅订单、要货单等具体合同性质的凭证，根据其金额计算税额，看是否存在少缴或漏交。

（六）房产税

有的企业将自有房产出租给其他企业使用时，合同中约定第一年免收租金，对于这样的情况也是需要缴纳房产税的，是由产权所有人按照房产原值缴纳房产税。如果是纳税人自建的房屋，自建成之次月起缴纳房产税；如果纳税人委托施工企业建设的房屋，从办理验收手续的次月起开始缴纳房产税；如果纳税人在办理验收手续前就已经使用或者出租、出借的新建房屋，应该根据规定缴纳房产税。

第三节　企业税务风险的防控措施

企业的税务风险不仅影响企业的经济效益，还关系着企业的品牌效应。如果处理不当，将会给企业带来严重的经济损失，阻碍企业目标的实现。因此，加强企业税务风险的防控已经刻不容缓。

企业的各种税务风险，已经不仅仅是税款方面的问题，已经开始影响企业的方方面面。因此，企业在合法的前提下合理预测、评估、规避和化解并控制好税务风险是非常必要的。

企业及时发现税务风险，可以对企业的投资决策、财务决策、组织设立形式等提供保障；在合理降低企业税负的同时，相当于增加了企业的经济效益，这对企业来说就是增加了竞争力。

如果企业积极防范税务风险，就会减少因违规而受到税务机关的处罚，还会及时享受到国家的税收优惠。如果企业合法规避了风险，相当于减少了企业的成本，也会增加企业的利润。

现在的企业的税收信誉与商业信誉联系在一起，如果企业被税务机关认

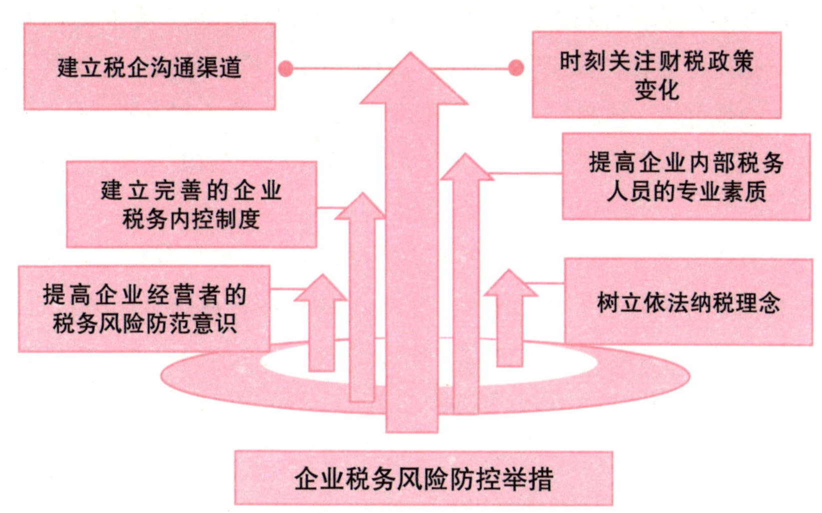

定为偷税、漏税，对该企业的产品交易、银行贷款、企业名声等都会产生影响，使得企业形象受到损害。现在的信息传播高度发达，不良信息很快就能传遍全国。坏的名声对企业意味着什么，大家都知道。

企业积极防范税务风险，还可以避免因违反法律法规而受到刑事处罚，使得企业失去一般纳税人资格、开票资格及享受税收优惠的资格等。

前文已经介绍了税务稽查及企业可能会产生涉税风险的地方，那么，该怎样合法防范这些税务风险，使得企业能够在国家法律法规的政策下健康成长呢？下面，我们从六大方面阐述这个问题。

一、提高企业经营者的税务风险的防范意识

目前，我国很多企业经营者或者企业法人，对企业税务风险的意识普遍不高，涉及一些税务问题还是企业经营者或者法人说了算，所以，很有必要提高他们的税务风险防范意识。

企业经营者重视税务的风险后，会及时了解国家的税收政策，会根据企业自身经营的特点采取相应的合法措施。这样的话，对税务风险规避的指导性会更强。

二、建立完善的企业税务内控制度

建立完善的企业税务内控制度是风险控制的重要内容。只有健全的税务内控制度才能保证会计信息质量，才能有效控制涉税风险。企业的税务内控制度，包括税务会计核算、税款计算、纳税申报、税款缴纳以及发票管理等具体工作的规范化、法制化；还要强化第三方的独立检查和内部审计；企业最好设置专门的内设税务机构和税务人员来应对企业的纳税及涉税相关问题，这样可以避免由于不规范税务行为导致的税务风险。

企业应该对内部现有的税务内控制度重新审核，如果有必要还可以借助中介机构对税务内控制度进行重新评估，对制度中存在的不合法、不全面、不合理的地方加以补充和修改，让新的税务内控制度适应企业当前的发展情况；同时，企业应重视并完善企业内部的沟通制度，有问题时能随时向上反映。

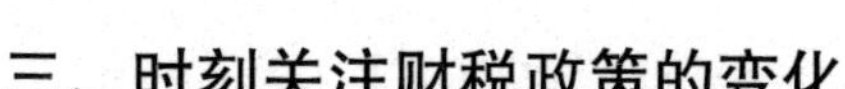

三、时刻关注财税政策的变化

企业要随时关注财税政策的变化，随时掌握与本企业相关的税收信息，建立税收风险信息提示和预警机制，让国家的税收政策成为企业发展的助力。

企业要保证财务会计系统的设置、更改与法律法规的要求同步，让企业的会计信息的输出能够反映法律法规的最新变化；并要根据自身业务的特点和成本效益原则，将税务风险管理应用于企业的各个环节，做到防患于未然。

四、建立税企沟通渠道

由于每个地方的税收征管方式不同，并且税务执法机关拥有较大的自由裁量权。所以，企业在了解国家最新税收法规的基础上，还要与当地的税务机关进行积极沟通，看看具体的实施情况，以免错误地解读或者使用了有关政策。对于一些重大事项，如对外投资、资产处置、变更会计等政策，要与税务机关取得理解上的一致，这样既能保证企业依法诚信纳税，又能有效地防范税务风险。

五、提高企业内部税务人员的专业素质

提高企业内部税务人员的专业素质是企业有效预防税务风险的基础。企业应加强内部税务人员的学习培训，帮助内部税务人员提高其专业能力，随时了解掌握最新的税务知识，降低和防范企业的税务风险。

六、树立依法纳税理念

企业应该将税务风险的防范与控制提高到企业发展的战略高度，通过统筹、规划和管理，让企业依法纳税。

第四节 “社保入税”，企业如何在合法的前提下应对

2018 年，中共中央印发的《国税地税征管体制改革方案》中规定：从 2019 年起，将基本养老保险费、基本医疗保险费、失业保险费、工伤保险费、生育保险费等各项社会保险费交由税务部门统一征收。很多人可能会觉得不过是换一个部门征收而已，有什么大惊小怪的。这么想，说明你对这项规定意味着什么还不清楚，下面我们来阐述一下。

我国的社保征缴模式主要有两类，一类是“社保征收模式”，也就是由社会保险经办机构负责征收社保；另一类是“税务征收模式”。其中，税务征收模式又分为“税务代征模式”和“税务全责征收”。这次改革就是把社保变成统一由税务全责征收模式，以提高社保保险资金征管的效率。

当社保改由税务全责征收模式后，税务机关就可依法履行社会保险费缴费登记、申报征收、清欠、检查和处罚等职责。我们知道社保是按工资总额的比例征收的，税务机关在征收企业所得税和个人所得税时需要准确掌握企业工资发放的情况。通过这次改革，税务部门就能了解社保缴费的真实费基，过去有些企业给员工缴纳社保的不规范做法或不合法做法就行不通了。

税务人员说：通过国税地税征管体制改革，可以逐步构建起优化高效统一的税收征管体系，为纳税人和缴费人提供更加优质高效便利的服务，提高税法遵从度和社会满意度，提高征管效率，降低征纳成本，增强税费治理能力，确保税收职能作用充分发挥，夯实国家治理的重要基础。

过去，有些公司为了省钱，有的员工也为了到手的钱能多拿一些，就自愿放弃缴纳社保，或者同意公司按国家规定的最低基数缴纳社保。社保改为

税务全责征收后，各项社会保险费将由税务部门统一征收，社保和个税信息将统一管理，过去的那些不交社保或者少交社保的操作就不能再用了，这无形中增加了企业的用工成本，尤其是那些劳动密集型企业将受到更大的冲击。

此外，对那些不给员工上社保、未全额上社保，或者用虚假工资申报的企业，还将面临法律的风险。过去，因为社保部门和税务部门的分离，对于这样的现象很难查证，但改为“税务征收”后，这样的情况很容易被发现。到时，企业除了补缴欠缴数额之外，还要面临罚款及补交滞纳金，这个代价还是挺高的。

面对这样的局面，企业如何在合法的前提下应对呢？下面提供 6 个方面的思路供大家参考。

（1）之前少缴社保的企业，在实行新社保政策后，如果不增加工资，员工到手的工资会减少，一些员工可能会辞职，这样不利于公司的稳定，对企业的发展也不利。这时，企业可以对组织结构进行优化，提高组织的效率，提高员工的效率，在不增加人力成本的情况下增加企业的收入，进而提高员工的薪酬，以此避免公司的人才流失。

（2）改变主体身份，主要是把劳动关系变为民事关系，把一些可以外包的工作外包出去，可以参考外卖和快递公司的组织模式。也可以聘用一些不需要缴纳社保的人员（如一些退休的人员），这也可以降低企业的用人成本。

（3）进行工资分流，降低名义工资，提高员工的资本收益。短期可将现金工资变为员工福利、股息分红，长期的话向全面薪酬转变，让员工的关注点发生转变，让他们不要把目光仅仅局限在工资上，还要看到未来的发展前景及自身能力的提高等方面。

（4）改变企业的商业运营的模式，独立劳务、承包经营、劳动合同变为服务合同或承包经营合同。

（5）改变用工模式，部分岗位采用劳务派遣来转嫁风险，部分工程采取外包的形式，部分岗位采用非全日制用工或小时工。

（6）减员增效，提升人均产值，让公司能真正高效地运转起来。

第十一章

税务管理实操：合法避税与税务筹划

第一节　什么是合法避税

一、合法避税的基本含义

（一）合法避税

合法避税又称合理避税，是指纳税人在法律许可的范围内，通过合法的手段与方式，以达到减少缴纳税款的目的，尽可能地减少税收负担的一种行为。

（二）合法避税与偷税、逃税的区别

合法的避税行为是在法律允许的范围内，在实施的过程中并未触犯到他人利益，更没有触犯税法规定。

一般来说，合法避税是纳税人通过不违法的手段，精心安排和实现筹划经营活动和财务活动，根据政策导向对纳税方案做出优化选择。所以，合法避税也会被称作“税收筹划”。合法避税会满足税法条文上的规定条件，不存在欺诈性质，与逃税、偷税有着本质上的区别。

偷税是指纳税人采用不公开的手段，隐瞒真实情况，不缴或少缴税款，欺骗税务机关的行为。逃税则是指纳税人采取隐瞒欺骗的手段进行虚假纳税，申报或不申报，逃避纳税款数额较大的行为。偷税和逃税都是严重违反法律法规的行为，是对法律的违背和践踏，而合法避税显

税务人员说：《中华人民共和国税收征收管理法》第六十八条规定：纳税人、扣缴义务人在规定期限内不缴或者少缴应纳或者应解缴的税款，经税务机关责令限期缴纳，逾期仍未缴纳的，税务机关除依照本法第四十条的规定采取强制执行措施追缴其不缴或者少缴的税款外，可以处不缴或者少缴的税款百分之五十以上五倍以下的罚款。

然不属于这个范畴。

“避”既不是“偷”，也不是“逃”。合法避税不是对法律的背弃和践踏，它以尊重和遵守税法为前提，以对法律和税收的详尽理解、分析和研究为大基础，对现有税法的不完善及其特有的缺陷和漏洞的发现及充分利用。

既然合法避税是完全不同于偷税、逃税行为的，那么，它能够行使的主要依据就是税法。按照《税收征管法》及其《实施细则》和具体税种的法规条例，依法纳税，缴足纳税款，依法尽纳税人的义务，这就是合法避税的前提条件和唯一依据。只有在此基础上，合法避税才能被视为是企业的合法权利，受到法律和社会的认可，才有可能将这一项事务顺利进行下去。

在财会税务的实践中，纳税人针对税法中的“非违法”行为，是可以合理利用的。应当注意的是：税法中“ 应该”“不应该”“允许”“不允许”的内容在规定了企业与纳税人行为规范的同时也为其提供了“非不应该”和“非不允许”的内容，这就可以理解为所谓的“漏洞”。

纵观国内外，翻阅具体税法实施细则就会发现，在财会税务的实践中，都有对此应用成功的案例。这些隐含的内容，为合法避税提供了有力的依据和途径。

二、合法避税的作用和意义

市场竞争日益激烈的情况下，纳税人为了追求企业利润的最大化而进行合法避税。企业利润无非就是收益与成本之间的差额，而收益最大化与成本最小化是最大限度提高企业利润的方式。税收作为归属社会劳动的份额，不论多公平公正合理，从纳税人的角度来看，都是影响其收益的一大因素。

客观来看，边际税率、税基变化、税负落差等因素的变动和调整也是促使合法避税产生的重要原因。寻找税法规则中可以合法利用的空间是合法避税的不二法门。

从另一方面来讲，合法避税的过程中，税法的法制化一直参与其中，这就在潜意识中增强了纳税人的法律意识。对合法避税的深入分析、理解、研究以及不断地实践，不仅能让纳税人获得更多属于自身、企业的经济利益和货币价值，还能够帮助他们树立正确的法制观念和爱法、纳税的意识，提高纳税人的素质，从而规避偷税、欠税、逃税、拒税等不法行为的发生。

此外，合法避税的研究和实践还能使企业的领导层更加完善，战略规划更加合理有效，从而提高企业整体的经营管理水平。

合法的避税行为有利于保证政府和执法部门及时发现税制和税法中存在的问题和有待改进的地方。税务主管部门常常会根据纳税人的合法避税情况，对其所对应显示出来的税法缺陷进行研究，进而采取相应的措施，对现有税法进行改正和修改。也就是说，企业的合法避税客观上促进了国家税收制度的健全和完善。

纳税人在达到收益最大化的过程中，自觉地运用税法的优惠政策，对自己的经济行为做出合法调整，选择税负较低的行业经营与投资，尽可能地去回避税收较高的经营与投资，这就顺应了国家的引导，将资金与社会资源流向国家想引向的领域。所以，合法避税就是顺应了国家对社会经济的宏观调控、对社会资源配置的优化，最终实现国民经济健康、持续、快速发展的目的。

三、税务筹划的基本内容

（一）税务筹划的合法性

很多人对于税务筹划持一种怀疑的态度，认为税务筹划是不合法的，是在钻法律的空子，迟早会受到处罚。实际上，税务筹划并不是偷税、漏税，而是一种合法合规的减少企业纳税压力的方法。

从定义上来讲，税务筹划是指在税法规定的范围内，通过对经营、投资等活动的实现合法地筹划安排，来实现“节税”的目的。在纳税行为发生之前，纳税人在不违反法律法规的前提下，事先对涉税事项进行合法地筹划安排，从而达到少缴税的目的。

税务筹划是纳税人的一项基本权利，税务机关鼓励纳税人在法律法规规定的范围内，运用不同地域的税收优惠政策来让企业享受优惠。在整个纳税筹划过程中，合法、合理是开展所有工作的重要前提。

除了合法性外，税务筹划还具有筹划性、目的性、风险性和专业性等特征。

（二）税务筹划的筹划性

税务筹划的筹划性主要是指在纳税行为发生之前，对经济事项进行合法地规划、安排，从而达到减轻税收负担的目的。

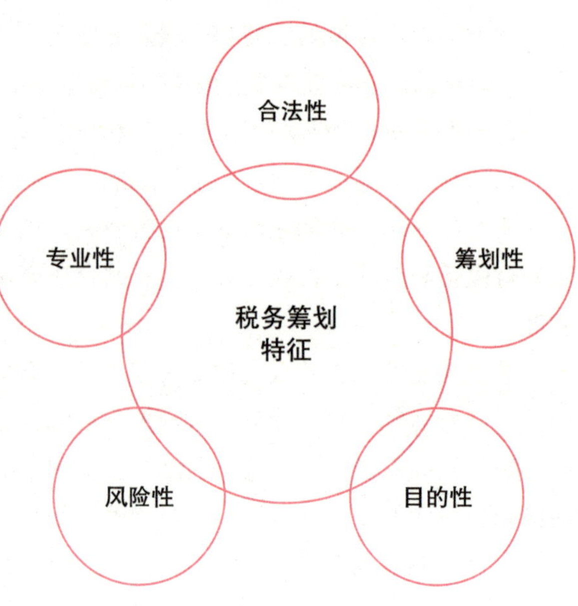

在整个经济活动中，纳税行为往往是滞后发生的。企业在发生交易行为后，才需要缴纳流转税；在获得收益后，才需要缴纳所得税；在取得财产后，才需要缴纳财产税。正是这种现象为企业税务筹划提供了可能。

税务筹划的筹划性还表现在其整个工作需要在经营活动发生之前进行，是一种事前的筹划，而不是经营活动发生后的筹划。经营活动发生后，应纳税额已经确定，再去进行所谓的“筹划”，就是偷逃税款的行为，而不是税务筹划了。

（三）税务筹划的目的性

税务筹划的目的性是指税务筹划的直接目的为降低税负、减轻纳税负担。具体来说，税务筹划一方面需要选择低税负，低税负意味着税收成本较低，税收成本较低则容易带来较高的资本回报率；另一方面则是滞延纳税时间，这里所指的并不是不按照税法规定期限缴纳税款的行为，而是通过一定的合法技巧，在资金运用方面做到提前收款和延缓支付，从而获取货币的时间价值。

（四）税务筹划的风险性

税务筹划的风险性是指在税务筹划过程中为了获得税收收益，但在实际操作中，因为某种原因而没有达到预期效果。税务筹划需要付出一定的成本，如果选择的税务筹划方案不合理，或者是对税收政策的理解不准确，很容易导致企业税负不减反增情况的发生。更为严重的是，如果税务筹划违反了相关法律规定，企业很可能会受到税务机关的处罚。

（五）税务筹划的专业性

税务筹划的专业性是指税务筹划工作需要由专门的财务和会计专业人员

来进行。随着全球经济一体化的程度加深，各个国家的税制也越来越复杂。所以，当前仅仅依靠企业自身进行税务筹划是远远不够的。由此，专门进行税务咨询和代理的公司开始逐渐发展起来，承接各企业的税务筹划工作。

四、税务筹划的空间

税务筹划是一种合法、合理的减少企业税负压力的方法，其主要是利用税法上客观存在的政策空间来进行的，是利用税法政策来进行合法筹划，而不是钻法律的空子。

在不同的税种、不同的税收优惠政策，以及不同的纳税人身份上，都存在着税务筹划的空间。而这些税法上客观存在的政策空间，也正是纳税人进行税务筹划的切入点。

具体来说，税务筹划的政策空间主要有以下几种。

（一）税收优惠政策

税收优惠政策是国家为了实现税收的调节功能，而在税种设计时设计的税收优惠条款。企业如果能够合法地充分利用这些税收优惠条款，就可以享受到节税的收益。

在选择税收优惠政策作为税务筹划的突破口时，一方面要深入了解税收优惠条款的内容，不能滥用或以欺骗手段骗取税收优惠；另一方面，在了解税收优惠条款的同时，还要以正规途径、正规程序去申请相应优惠。

（二）纳税人构成

根据我国税法的相关规定，对于某种税的特定纳税人，可以不缴纳该项税收。因此，企业在进行税务筹划前，可以考虑成为哪种税的纳税人。这样一来，可以通过不缴税减轻税收负担问题。此外，企业纳税人还可以考虑从计税依据和税率两个方面去进行税收筹划。计税依据越小，税率越低，应纳税额也就越小。

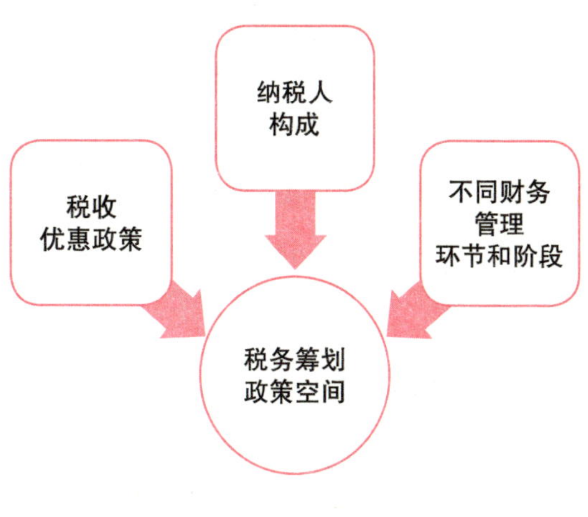

（三）不同财务管理环节和阶段

企业的财务管理包括筹资管理、资金运营管理、收益分配等多个管理环节，每一个管理环节都可以进行相应的税务筹划。比如，通过融资租赁，企业支付的租金利息可以在计算所得税前扣除。这样一来，减少了纳税基数，所需要缴纳的应纳税额也就会相应减少。此外，在投资管理阶段，选择在那些低税率地区投资建厂可以享受到税收方面的优惠。在选择投资项目时，选择那些国家鼓励投资的项目也能够获得一定的税收优惠。当然，具体的税收优惠还需要根据当地的税收政策来确定。

第二节　合法避税与税务筹划实例分析

一、利用分立公司合法避税

我国增值税的计算和征收方式为税额抵扣法，即用纳税人的销项税额减去进项税额，而纳税人必须依靠增值税的专用发票才能享受这样的优惠政策。也就是说，如果纳税人无法获得合法的增值税发票，进项税额就无法抵减，税收负担就会增加。需要强调的是：税务发票多种多样，而能够抵税的只有“增值税专用发票”，要与“增值税普通发票”区分开。

（一）钢铁制造公司合理避税实例

某地一家钢铁制造公司的生产原料主要是废旧钢铁，其来源主要是从当地的个体收废处回收而来。

按照我国的税收政策，这家公司从个体收废处回收的废旧钢铁是无法享受税额抵扣的。经营一段时间后，该公司管理者发现公司的增值税税负极高、盈利空间甚小，再这样经营下去，势必入不敷出、难以生存。

随后，该公司领导层对相关的税收政策、税收法律进行了更加深入的研究和学习，并据此对经营业务进行了调整，使得增值税税负降低到了原来的一半以下。

那么，该公司是如何做到的呢?

原来，该公司专门设立了一家废旧物资回收公司，以独立法人独立核算，合法取得了废旧物资回收经营许可证。首先，钢铁制造公司需要的废旧钢铁先由该废旧物资回收公司出面回收，再以市场价格卖给钢铁制造公司，开具增值税专用发票。这样一来，钢铁制造公司就可以按照税额抵扣政策，依照收购废旧钢铁的金额抵扣 9% 的进项税金，用合法、合理的方式享受了优惠政策，解决了原来自行收购废弃物资不能抵扣的问题，大大降低了公司的税收负担。

（二）解析

相关法律：我国税法规定销售废旧物资可以按照规定免征增值税，但利用废弃物资加工生产的产品则不享受免征增值税政策。

税法相关条例规定，生产企业的增值税一般纳税人购入废旧物资回收经营单位销售的物资，可按照废旧物资回收经营单位开具的由税务机关监制的专用发票上注明的金额，按 9% 计算抵扣进项税额，而对废旧物资回收经营单位销售其收购的废旧物资免征增值税。

按照规定，钢铁制造公司不属于专门的废旧物资经营单位，所以，其无法抵扣 9% 的进项税。但是，其专门成立的废弃物资收购公司完全符合法律要求，因此向其他企业销售废旧物资既可以免征增值税，钢铁制造公司也可以凭借发票进行进项税抵减。

二、利用固定资产加速折旧合法避税

（一）相关法律法规规定内容

固定资产，指企业为生产产品、提供劳务、出租或者经营管理而持有的、使用时间超过 12 个月的，价值达到一定标准的非货币性资产，包括房屋、建筑物、机器、机械、运输工具以及其他与生产经营活动有关的设备、器具、工具等。

企业应自固定资产投入使用的次月起计提折旧，从固定资产停止使用的次月停止计算折旧，可选用的折旧方法包括年限平均法、工作量法、双倍余额递减法和年数总和法等。企业应当根据固定资产的性质和使用情况，合法、合理确定固定资产的预计净残值。

根据《中华人民共和国企业所得税法实施条例》中对企业固定资产折旧的明文规定：除国务院财政、税务主管部门另有规定外，固定资产计算折旧的最低年限如下所述。

（1）房屋、建筑物最低折旧年限为 20 年。

（2）飞机、火车、轮船、机器、机械和其他生产设备最低折旧年限为 10 年。

（3）与生产经营活动有关的器具、工具、家具等最低折旧年限为 5 年。

（4）除飞机、火车、轮船以外的运输工具最低折旧年限为 4 年。

（5）电子设备最低折旧年限为 3 年。

想要合法避税，必须要对相关的法律法规了解透彻，我们先来了解一下有关固定资产的相关规定。

《中华人民共和国企业所得税法》第十一条规定：在计算应纳税所得额时，企业按照规定计算的固定资产折旧，准予扣除。

国家税务总局发布的《关于企业固定资产加速折旧所得税处理有关问题的通知》（国税发〔2009〕81 号）规定：企业拥有并用于生产经营的主要或关键的固定资产，由于技术进步，产品更新换代较快的或者常年处于强震动、高腐蚀状态确需加速折旧的，可以缩短折旧年限或者采取加速折旧的方法折旧。

财政部、国家税务总局发布的《关于进一步鼓励软件产业和集成电路产业发展企业所得税政策的通知》（财税〔2012〕27 号）规定：企业外购的软件，凡符合固定资产或无形资产确认条件的，可以按照固定资产或无形资产进行核算，其折旧或摊销年限可以适当缩短，最短可为 2 年（含）。集成电路生产企业的生产设备，其折旧年限可以适当缩短，最短可为 3 年（含）。

根据财政部、国家税务总局发布的《关于完善固定资产加速折旧企业所得税政策的通知》（财税〔2014〕75 号）及国家税务总局发布的《关于固定资产加速折旧税收政策有关问题的公告》（国家税务总局 2014 第 64 号）的规定：对生物药品制造业，专用设备制造业，铁路、船舶、航空航天和其他运输设备制造业，计算机、通信和其他电子设备制造业，仪器仪表制造业，信息传输、软件和信息技术服务业等六大行业的企业，2014 年 1 月 1 日后新购进的固定资产，可以缩短折旧年限或采取加速折旧的方法。六大行业的小型微利企业，2014 年 1 月 1 日后新购进的，研发和生产经营共用的仪器、设备，单位价值不超过 100 万元的，允许一次性计入当期成本费用在计算应纳税所得额时扣除，不再分年度计算折旧。单位价值超过 100 万元的，可以缩短折旧年限或采取加速折旧的方法。对所有行业企业自 2014 年 1 月 1 日后新购进的专门用于研发的仪器、设备，单位价值不超过 100 万元的，允许一次性计入当期成本费用在计算应纳税所得额时扣除，不再分年度计算折旧；单位价值超过 100 万元的，可以缩短折旧年限或采取加速折旧的方法。采取缩短折旧年限的，最低折旧年限不得低于《中华人民共和国企业所得税法实施条例》第六十条规定折旧年限的60%；采取加速折旧方法的，可采取双倍余额递减法或者年数总和法。对所有行业企业持有的单位价值不超过5000元的固定资产，可以一次性在计算应纳税所得额时扣除。

根据财政部、国家税务总局发布的《关于进一步完善固定资产加速折旧企业所得税政策的通知》（财税〔2015〕106号）及国家税务总局发布的《关于进一步完善固定资产加速折旧企业所得税政策有关问题的公告》（国家税务总局公告2015年第68号）的规定：对轻工、纺织、机械、汽车等四个领域重点行业的企业自2015年1月1日后新购进的固定资产，可由企业选择缩短折旧年限或采取加速折旧的方法。

2017年，国家税务总局又推出了《"大众创业 万众创新"税收优惠政策指引》，该指引对上述六大行业的小型微利企业自2014年1月1日后新购进的研发和生产经营共用的仪器、设备，单位价值不超过100万元的，允许一次性计入当期成本费用在计算应纳税所得额时扣除，不再分年度计算折旧；单位价值超过100万元的，可由企业选择缩短折旧年限或采取加速折旧的方法。对上述四大领域重点行业的小型微利企业自2015年1月1日后新购进的研发和生产经营共用的仪器、设备，单位价值不超过100万元的，允许一次性计入当期成本费用在计算应纳税所得额时扣除，不再分年度计算折旧；单位价值超过100万元的，可由企业选择缩短折旧年限或采取加速折旧的方法。

根据国家税务总局发布的《关于研发费用税前加计扣除归集范围有关问题的公告》（国家税务总局公告2017年40号）的规定：企业用于研发活动的仪器、设备，符合税法规定且选择加速折旧优惠政策的，在享受研发费用税前加计扣除政策时，就税前扣除的折旧部分计算加计扣除。

根据财政部、国家税务总局发布的《关于设备器具扣除有关企业所得税政策的通知》（财税〔2018〕54号）的规定：企业在2018年1月1日至2020年12月31日期间新购进的设备、器具（除房屋、建筑以外的固定资产），单位价值不超过500万元的，允许一次性计入当期成本费用在计算应纳税所得额时扣除，不再分年度计算折旧。

（二）实操案例

某生物药品制造企业于2014年9月30日新购进了一套专门用于研发的

仪器，该仪器原值是 500 万元，并且该发票当月认证通过。该设备预计使用寿命为 5 年，预计净残值为 20 万元。分别按照年数总和数和双倍余额递减法计算 2015 年应计提的折旧额。

根据国家关于固定资产的相关规定，该企业是生物制药企业，属于六大行业，其 2014 年新购的专门用于研发的仪器可以享受固定资产加速折旧的优惠政策。因为该仪器原值超过了 100 万元，可以采取缩短折旧年限和采取加速折旧法（有双倍余额递减法或年数总和法），计算过程如下所述。

1. 采取缩短折旧年限

根据规定：如果采取缩短折旧年限，其最低折旧年限不得低于《中华人民共和国企业所得税法实施条例》第六十条规定的折旧年限的 60%，所以，该仪器的年限为 5×60%=3 年，则 2015 年该仪器应计提的折旧为：（500–20）÷3=160 万元。

2. 采取加速折旧法

（1）采用双倍余额递减法。双倍余额递减法是在不考虑固定资产预计净残值的情况下，根据每期期初固定资产原值减去累计折旧后的金额和双倍的直线法折旧率计算固定资产折旧的一种方法。

其计算公式是：

年折旧率＝ 2÷ 预计使用寿命（年）×100%

月折旧率＝年折旧率 ÷12

月折旧额＝月初固定资产账面净值 × 月折旧率

年折旧额＝期初固定资产净值（原值—折旧）×2÷ 预计使用年限，固定资产的最后两年改为直线法。

该仪器从 2014 年 10 月到 2015 年 9 月计提的折旧为：2÷5×500=200 万元。

该仪器从 2015 年 10 月到 2016 年 9 月计提的折旧为：2÷5×（500–200）=120 万元。

所以，该仪器 2015 年应提折旧额为：200×9÷12+120×3÷12=150+30=180 万元。

（2）采用年数总和法。年数总和法是指将固定资产的原值减去预计净残值后的余额，乘以一个以固定资产尚可使用的寿命为分子、以预计使用寿命逐年数字之和为分母的逐年递减的分数计算每年的折旧额。

其计算公式如下：

年折旧率＝尚可使用年限 ÷ 预计使用寿命的年数总和 ×100%

月折旧率＝年折旧率 ÷12

月折旧额＝（固定资产原值－预计净残值）× 月折旧率

当该仪器采用年数总和法计提折旧时，会计年度与折旧年度不一致，所以需要分段计提。

该仪器 2014 年 10 月到 2015 年 9 月的折旧金额为：（500 － 20）×5÷（5+4+3+2+1）＝ 160 万元。

该仪器 2015 年 10 月到 2016 年 9 月的折旧金额为：（500 － 20）×4÷（5+4+3+2+1）＝ 128 万元。

所以，2015 年该仪器应计提的折旧额为：160×9÷12+128×3÷12=152 万元。

3. 直线法

该企业如果没有享受优惠，直接采取直线法计算该仪器的折旧额。

该仪器 2015 年的折旧额为：（500–20）÷5=96 万元

从上面几种折旧方法的比较可以看出，不管采取哪种方法折旧，对于某一特定固定资产，其折旧总额都是一样的，只是分摊到具体每一年的额度有多有少。

如果预计企业前几年的收入不多，以后效益会越来越好，那选择直线法，这样能抵扣的应税所得额比较多。缩短折旧年限，每年所抵扣的额度都一样，只是比直线法的年限变短了而已。如果预计企业前几年效益很好，后来会慢慢变差，可以考虑双倍余额递减法和年数总和法，它们每年可以抵扣的应税所得额会逐渐减少。具体要采用哪种方法，企业可以根据自身情况来决定。